LA GRANDE RÉINITIALISATION 2021-2030 EXPOSÉE !

Passeports Vaccinaux et Puces 5G, Mutations du COVID-19 ou La Prochaine Pandémie ?

Agenda du WEF – Reconstruire en Mieux - Le Contrat Vert Expliqué

Rebel Press Media

Avis de non-responsabilité

Nos autres livres

Consultez nos autres livres pour découvrir d'autres informations inédites, des faits exposés et des vérités démystifiées, et bien plus encore.

Rejoignez le cercle exclusif des médias de Rebel Press !

Chaque vendredi, vous recevrez dans votre boîte de réception une nouvelle mise à jour de la réalité non rapportée.

Inscrivez-vous ici dès aujourd'hui :

https://campsite.bio/rebelpressmedia

Introduction

L'humanité entière est soumise à la plus grande et la plus dangereuse expérience scientifique jamais réalisée.

Au printemps dernier, un lien possible entre la 5G et le coronavirus a été rejeté par les médias comme une théorie du complot. Cependant, une équipe de scientifiques italiens, américains et russes a publié une étude dans laquelle elle montre que la 5G transforme effectivement les cellules de la peau humaine en une grande antenne. Les ondes électromagnétiques millimétriques de la 5G peuvent être transmises par les cellules de la peau à d'autres cellules, jouant ainsi un rôle important dans la production du coronavirus.

La 5G permet d'intégrer des structures semblables à des virus dans des cellules humaines

Dans leur article intitulé "Technologie 5G et incorporation du coronavirus dans les cellules de la peau", les scientifiques soulignent que l'ADN humain est composé d'électrons et d'atomes chargés et possède une structure de type inducteur. Les inducteurs répondent aux ondes électromagnétiques externes, et se déplacent et produisent également des ondes supplémentaires à l'intérieur des cellules.

Ces ondes sont similaires aux bases hexagonales et pentagonales de leur source ADN. Ces ondes produisent un certain nombre de trous dans les fluides à l'intérieur du noyau (noyau de la cellule). Pour combler ces trous, d'autres bases hexagonales et pentagonales sont produites, qui peuvent se combiner entre elles et former des structures de type viral comme le coronavirus.

Pour produire ces virus dans une cellule, il est nécessaire que la longueur d'onde des ondes externes soit plus courte que la taille de la cellule. Ainsi, les ondes millimétriques 5G peuvent être un bon candidat pour construire des structures de type viral comme le Covid-19 dans les cellules humaines.

Toute l'humanité soumise à la plus grande expérience jamais réalisée

Les producteurs de la 5G affirment que les faisceaux à haute fréquence sont trop faibles pour pénétrer dans le corps humain et qu'il n'existe aucune preuve scientifique tangible d'effets négatifs majeurs sur notre santé.

Cependant, les preuves scientifiques circonstancielles s'accumulent, mais ne sont pas (encore ?) acceptées, très probablement en raison de grands intérêts commerciaux, et vraisemblablement aussi parce que la 5G fait partie d'un programme idéologique et géopolitique visant à mettre l'ensemble de la population mondiale sous contrôle total.

Avec la 5G combinée aux vaccins corona développés à la hâte, à peine testés mais déjà achetés, l'humanité entière est sans aucun doute exposée à la plus grande et de loin la plus dangereuse expérience scientifique jamais réalisée, et ce avec le consentement de presque tous les gouvernements. À cet égard aussi, notre société est en train de se transformer en un grand camp de concentration.

Qu'est-ce qu'un virus ?

Un virus n'est pas un organisme vivant, mais simplement un paquet d'informations ADN/ARN - qui semble donc pouvoir être activé ou affecté par des ondes électromagnétiques externes.

L'ADN ou l'ARN sans cellule hôte est comme un corps sans cerveau. Il est mort. Il ne fait et ne peut rien faire. Il ne peut pas non plus survivre. Encapsulé dans une protéine, il pourrait encore flotter de A à B, mais uniquement dans l'obscurité totale. Dans une minuscule lumière UV, l'ADN ou l'ARN a disparu et elle se décompose.

Table des matières

Chapitre 1 : Le déploiement

Les gouvernements veulent imposer la 5G parce qu'elle permet de suivre et de surveiller les citoyens 24 heures sur 24, 7 jours sur 7 et 365 jours par an.

Le nombre de scientifiques qui émettent de grandes réserves sur l'introduction de la 5G ne cesse d'augmenter. Le professeur John William Frank, épidémiologiste britannique de l'Université d'Édimbourg, demande que le déploiement de la 5G dans le monde entier soit suspendu pour le moment, jusqu'à ce qu'il ait été confirmé et prouvé de manière indépendante que la technologie est sûre et ne présente aucun danger pour la santé Jusqu'à présent, les gouvernements se sont appuyés presque exclusivement sur les études réalisées par (ou sponsorisées par) les grandes entreprises de la Tech, et bien sûr, elles ne mettront jamais en danger leurs bénéfices de plusieurs milliards de dollars en rejetant leurs propres produits.

Le professeur Frank n'est pas opposé à la 5G, mais il estime qu'elle a fait l'objet de trop peu de recherches. C'est pourquoi il estime qu'il est préférable de faire preuve de prudence et de geler le déploiement des nouveaux systèmes de trafic de données mobiles pour le moment.

Il y a beaucoup plus d'antennes et beaucoup plus de radiations EMF.

Frank, comme de nombreux autres universitaires, écrit dans le Journal of Epidemiology & Community Health que la principale menace de la 5G est la densité massive d'antennes requise pour ces fréquences extrêmement élevées. Tous les quelques lampadaires, une nouvelle antenne doit être placée, exposant les gens à encore plus de rayonnements électromagnétiques (CEM). Une commission fédérale de spécialistes aux États-Unis a reconnu les dommages sanitaires que peuvent causer les réseaux existants tels que la 4G et le WiFi.

Malgré cela, presque aucune recherche épidémiologique crédible sur l'impact de la 5G sur la santé humaine n'a été entreprise, selon le professeur. En outre, la 5G n'utilise pas seulement des fréquences considérablement plus élevées, mais aussi une toute nouvelle technologie de support pour traiter des volumes massifs de données. Pour que la 5G fonctionne, des milliards d'antennes et d'amplificateurs de signaux doivent être placés tous les 100 à 300 mètres autour de la planète. Les 3 236 satellites 5G à venir d'Amazon, ainsi que les 12 000 à 30 000 qu'Elon Musk prévoit de déployer en orbite, couvriront bientôt des zones où les antennes ne sont pas envisageables.

Un nombre croissant d'ingénieurs, de scientifiques et de médecins du monde entier demandent instamment aux pays de relever leurs normes de sécurité en matière de CEM-RF, de commander des recherches plus nombreuses et de meilleure qualité et de mettre un terme à l'augmentation de l'exposition du public jusqu'à ce qu'il existe des preuves plus solides de son innocuité.

Le principe de précaution impose de stopper le déploiement de la 5G.

Le professeur Frank n'est pas convaincu que la 5G et les autres champs électromagnétiques nuisent à la santé et à l'environnement, même si l'OMS et de nombreux experts en technologie affirment le contraire. Il estime que la diffusion de la 5G devrait être arrêtée immédiatement en raison du "principe de précaution". Il ne faut pas prendre de risques inutiles lorsqu'il s'agit de la santé humaine. Cette prémisse devrait être un motif suffisant pour "déclarer une interdiction de cette exposition (à la 5G), en attendant une enquête scientifique adéquate sur les risques sanitaires présumés".

Il poursuit en expliquant qu'il n'y a pas de nécessité impérieuse de déployer la 5G à un rythme rapide en termes de santé et de sécurité publiques. On le fait principalement parce que la nouvelle technologie donnera un coup de pouce important à l'industrie des grandes technologies. Avec le réseau 4G existant, les consommateurs ne manquent pas de connexions de données mobiles rapides.

Les gouvernements veulent que la 5G soit mise en œuvre le plus rapidement possible afin d'avoir un contrôle mondial complet.

Frank oublie d'ajouter que les gouvernements sont tout aussi investis dans la 5G que les géants de la technologie et des médias. La Fondation Bill et Melinda Gates et la DARPA, l'agence de développement technologique du Pentagone, se sont associées à la société Profusa pour développer un biocapteur nanotechnologique implantable en hydrogel (une substance similaire à une lentille de contact souple) qui peut être injecté en même temps qu'un vaccin et appliqué juste sous la peau, où il fusionne avec votre corps. Toutes les informations sur vous-même, votre corps et votre santé peuvent être contrôlées à distance grâce au composant nanotechnologique.

Par conséquent, la 5G permet un système de contrôle totalitaire mondial dont les dictatures du passé ne pouvaient que rêver. Elle permettra de suivre, de surveiller et de manipuler 24 heures sur 24 et 7 jours sur 7 la localisation, les mouvements et les actions de chacun - et, dans un avenir pas si lointain, les pensées et les émotions - tandis que toutes les informations personnelles, comme le statut vaccinal et le solde bancaire, seront instantanément accessibles. D'innombrables caméras de surveillance avec reconnaissance faciale et vérification du statut de crédit social sont liées à ce système, tout comme le système de Microsoft (avec le brevet n° 2020-060606) qui convertit votre propre corps en un moyen de paiement (et une preuve d'identité/vaccination) qui est déjà en phase de test.

Selon certains, une distance d'au moins un mètre et demi est nécessaire pour que ce système fonctionne correctement, car les signaux peuvent être perturbés si les corps sont trop proches les uns des autres. Il n'est pas certain que cela soit vrai, mais sans distance sociale, les caméras de surveillance (et même les smartphones) auront beaucoup plus de mal à scanner en temps réel tous les fronts d'une foule pour détecter la présence de l'enzyme fluorescente M-Neongreen / Luciferase, la marque injectée qui, à l'avenir, pourrait servir de preuve que vous avez été correctement vacciné et que vous avez donc accès à la société.

Y a-t-il une théorie de la conspiration ?

Étant donné que de multiples scientifiques et autres professionnels affirment depuis des mois que 1,5 mètre ne fait aucune différence dans la transmission présumée d'un virus, il est grand temps que davantage de personnes se demandent pourquoi la "séparation sociale" doit continuer à être appliquée sans relâche. Malheureusement, certaines théories conspirationnistes étranges, comme celle selon laquelle la 5G déclencherait le coronavirus, et des actes terribles, comme mettre le feu à des pylônes de transmission, ont pollué les véritables préoccupations à l'égard de la 5G (intentionnellement ?).

Les politiciens, l'industrie technologique et tous les médias et magazines grand public qui dépendent les uns des autres de quelque manière que ce soit affirment invariablement qu'il s'agit de "théories du complot" déboulonnées, mais lorsque même le vénérable Scientific American a publié un article le 17 octobre 2019 avec le titre "Nous n'avons aucune raison de croire que la 5G est sûre - Contrairement à ce que certains disent, il peut y avoir des risques pour la santé".

Chapitre 2 : Biocapteurs nanotechnologiques 5G

Un biocapteur nanotechnologique 5G implantable dès 2021 dans les vaccins Covid-19" L'humanité évoluant vers le transhumain dans le futur est intégrée dans un système de contrôle numérique global.

La DARPA, l'organe de développement technologique du Pentagone, et la Fondation Bill et Melinda Gates collaborent avec Profusa pour mettre au point un biocapteur nanotechnologique implanté, construit en hydrogel (substance similaire à une lentille de contact souple). Ce biocapteur, qui a la taille d'un grain de riz, est injecté avec un vaccin et placé juste sous la peau, où il se fond dans le corps. Grâce à la 5G, le composant nanotechnologique permet de surveiller à distance toutes les informations vous concernant, votre corps et votre santé.

La FDA devrait approuver le biocapteur, qui peut également recevoir des informations et des commandes, au début de l'année 2021, juste à temps pour la campagne mondiale prévue de vaccination contre le Covid-19.

En mars, DefenseOne a fait état d'un biocapteur en hydrogel qui est "inséré sous la peau avec une aiguille hypodermique". Il contient, entre autres, une molécule spécialement conçue qui émet un signal fluorescent lorsque le corps commence à combattre une infection.

Ce signal est détecté par le composant électronique fixé sur (/dans) la peau, qui transmet ensuite un avertissement à un médecin, à un site web ou à une agence gouvernementale. Il s'agit en fait d'un laboratoire sanguin cutané capable de détecter la réaction de l'organisme à une maladie avant même l'apparition d'autres signes comme la toux".

Tous les processus physiologiques sont surveillés par des biocapteurs et transmis par la 5G.

Le biocapteur ne sera pas perçu comme un intrus par le corps et attaqué du fait de son utilisation de l'hydrogel, mais s'intégrera au contraire à celui-ci. Selon le fabricant, le capteur peut également suivre votre taux d'hormones, votre rythme cardiaque, votre respiration, votre température corporelle, votre vie sexuelle, vos émotions et tout le reste. Toutes ces données seront bientôt transmises à chaque autorité médicale et gouvernementale via la 5G.

Profusa travaille actuellement sur une étude avec l'Imperial College, qui a été rendu célèbre par ses prévisions ridicules de malheur sur Covid-19, qui se sont rapidement avérées complètement fausses. Les lockdowns, l'isolement social et l'effondrement partiel de l'économie qui en a résulté, ainsi que la suppression de nombreuses libertés civiles, ont tous été fondés sur ceux-ci.

L'être humain transhumain est intégré dans un système de contrôle numérique global.

Le biocapteur, qui pourrait donc être incorporé dans les vaccins Covid-19 dès 2021, est très proche de la réalisation de l'aspiration d'un humain transhumain, dans lequel chacun est totalement contrôlable et même pilotable. Le "nouvel humain", ou l'humain 2.0 tel qu'imaginé par l'élite technologique autour de Bill Gates et Elon Musk, sera progressivement transformé en une sorte de cyborg d'ici 2025-2030, et deviendra partie intégrante - et donc irréversible - d'un système de contrôle numérique global, dans lequel les libertés individuelles auront complètement disparu, et même le libre arbitre humain aura été supprimé.

Chapitre 3 : Protestations contre le passeport vaccinal

Plus de 70 parlementaires se mobilisent contre ce "piège odieux".

Dans une lettre ouverte adressée au Premier ministre Boris Johnson, plus de 1 200 dirigeants chrétiens britanniques lui ont demandé de ne pas adopter les passeports de dépistage et de vaccination.

En fait, ils la qualifient de "proposition la plus dangereuse qui soit", car elle équivaut à "une forme de pression contraire à l'éthique" pour forcer les gens à subir des tests Covid-19 ou à se faire vacciner.

Diverses dénominations, dont les anglicans et les catholiques, ont des leaders dans l'église. Ils estiment que les passeports de contrôle et de vaccination sont le précurseur d'un "État de surveillance", d'un État de contrôle totalitaire, et qu'ils mettront fin à ce qui reste de la démocratie libérale.

Le gouvernement de Londres maintient qu'aucune décision finale n'a été prise, mais tout indique que ces passeports de test/vaccination arriveront bientôt, comme ils l'ont fait en Europe.

Au départ, ils seront commercialisés comme un passeport pour une plus grande "liberté" (restauration, événements, achats, etc.), mais à mesure qu'ils se répandront, les normes deviendront de plus en plus strictes, jusqu'à éliminer complètement de la société les personnes non testées et non vaccinées.

L'"apartheid médical" est un terme utilisé pour décrire un système de discrimination médicale.

Selon les dirigeants de l'Église, ces passeports entraînent un "apartheid médical"... Il établit un État de surveillance dans lequel le gouvernement contrôle certaines parties de la vie des citoyens par le biais de la technologie. En l'espace de quelques années, ce "certain" risque d'être étendu à TOUS les domaines.

Il s'agit de l'une des idées politiques les plus hasardeuses jamais formulées dans l'histoire de la politique britannique", préviennent les responsables d'église, qui soulignent qu'ils ne refuseront jamais aux personnes dépourvues d'un tel passeport l'accès à leurs églises, quelle que soit la décision du gouvernement.

Discrimination" et "piège effroyable" sont deux mots qui me viennent à l'esprit.

Plus de 70 législateurs britanniques ont ouvertement protesté contre les passeports de test/vaccination prévus au début du mois. Ils affirment que la nécessité de présenter une telle preuve pour entrer dans un pub, par exemple, est discriminatoire. Cela crée également de nouvelles divisions au sein de la société. (De toute façon, toute l'approche de l'Occident est basée sur le principe "diviser pour régner").

Le député conservateur Steve Baker a même qualifié ces passeports de "méchant piège". Le leader travailliste Sir Keir Starmer a exprimé sa "grande inquiétude" face à cette nouvelle forme de discrimination qui se profile.

Chapitre 4 : Des vaccins mortels ?

De faibles concentrations de protéine de pointe ont déjà modifié les systèmes respiratoire et immunologique de personnes vaccinées - Les indications selon lesquelles les personnes vaccinées peuvent constituer un danger pour les personnes non vaccinées se renforcent -

Un gouvernement qui se soucie de votre santé suspendrait immédiatement les vaccinations.

La critique des vaccins Covid-19 enfle également du côté de la science active établie.

Le Dr Lee Makowski, président du département de bio-ingénierie de la Northeastern University, avertit dans la revue Viruses qu'il existe de plus en plus de preuves que la protéine spike, qui est produite par le corps humain à l'instruction de TOUS les vaccins corona, peut causer des dommages importants à la santé et même la mort.

Les politiciens, les médias et des agences telles que le CDC et le WHF affirment que la protéine spike est "inoffensive" et que les vaccins Covid qui entraînent la production de cette protéine par l'organisme sont "sûrs".

Cependant, un nombre croissant de scientifiques actifs et reconnus voient de plus en plus d'éléments et de preuves démontrant que c'est exactement le contraire qui est vrai.

Des dommages, des infections graves et des décès dus à ces vaccins ?

Le titre de l'article du Dr Makowski, publié dans la revue Viruses, en dit long :

Les vaccins Covid, conçus pour créer une immunité contre la protéine spike, causent-ils au contraire des dommages, des infections graves et des décès ?

Les chercheurs ont découvert que même à de faibles concentrations, la protéine spike induit des modifications génétiques dans les voies respiratoires et affecte directement la réponse du système immunitaire aux inflammations et aux virus. En fait, selon le Dr Makowski, il semble que seule la protéine spike soit responsable des désormais tristement célèbres caillots sanguins, plutôt que le (supposé) virus SRAS-CoV-2 lui-même.

Si cela est confirmé par d'autres scientifiques, alors les vaccins Covid-19 - qui, quel que soit leur mode d'action (ARNm, adénovirus/vecteur viral, ADN), codent tous pour la protéine spike - sont encore plus dangereux pour la santé humaine que ce que les scientifiques critiques soupçonnent déjà depuis l'année dernière.

Les personnes vaccinées deviennent-elles des foyers d'infection ambulants ?

De plus, il devient plausible que le Dr Lee Merritt ait raison et que la protéine spike produite par les personnes vaccinées soit transmissible aux autres. En d'autres termes, les personnes vaccinées deviennent des usines à spike ambulantes et pourraient donc également infecter des personnes non vaccinées avec une maladie auto-immune dangereuse, potentiellement mortelle.

Les scientifiques de l'Institut Sloan Kettering lancent un autre avertissement, tout aussi grave : l'ARNm contenu dans les vaccins peut entraîner la suppression de protéines qui empêchent le développement du cancer. Ainsi, les vaccins Covid augmentent le risque de développer un cancer.

Le Dr Whelan de l'UCLA a averti la FDA de graves dommages pour la santé

En décembre 2020, le Dr J. Patrick Whelan, de l'UCLA, a averti la FDA américaine que la "protéine de pointe virale qui est la cible des importants vaccins Covid est également l'une des principales substances causant des dommages à des organes plus éloignés, dont peut-être le cœur, les poumons et les reins.

Le Dr Whelan a expliqué que ce n'est pas le virus, mais la protéine spike qui est responsable du fait que certaines personnes ont tant de mal à se remettre de Covid-19, et continuent souvent à avoir des problèmes de santé à long terme, notamment des problèmes cardiaques.

En effet, la protéine du pic se lie aux récepteurs ACE-2 dans le cœur, mais aussi dans le cerveau et d'autres organes comme le foie et les reins. Cela peut endommager même les plus petits vaisseaux sanguins.

Mme Whelan a donc fait comprendre à la FDA que la protéine de pointe "contenue" dans les vaccins pose de graves problèmes de santé.

Les pathologistes et les dentistes désignent également les protéines de pointe comme coupables.

Le Dr Richard Vander Heide, professeur de pathologie à l'université d'État de Louisiane, a pratiqué des autopsies sur des décès liés au Covid-19 et est arrivé à la même conclusion : les caillots sanguins, dont certains des défunts sont pleins, sont causés par la protéine spike.

Les personnes en surpoids sont particulièrement exposées, car elles souffrent souvent d'une inflammation chronique.

Même les dentistes tirent la sonnette d'alarme. Ils voient des patients auparavant en bonne santé souffrir d'une inflammation des gencives, et pensent que la protéine de pointe est le coupable.

Pfizer fait même des expériences sur des enfants, des tout-petits et des bébés.

Un médecin californien de 40 ans spécialisé dans la médecine de la grossesse a décrit la première dose du vaccin Pfizer administrée à une patiente comme "tuant le fœtus", ce qui a provoqué une fausse couche chez la femme six jours plus tard.

Pendant ce temps, le fabricant de vaccins Pfizer continue de démontrer qu'il n'a plus aucune limite éthique.

Même les enfants sont désormais utilisés comme cobayes pour leurs "vaccins" expérimentaux de thérapie génique. Un petit enfant de deux ans en est déjà mort.

On sait depuis des années que l'ARNm peut être inhalé.

On sait depuis des années que l'ARNm peut être exhalé et inhalé, et qu'il peut ainsi servir de vaccin passif. Cela signifie-t-il que la protéine Covid spike, qui est produite par le corps humain après la vaccination, peut s'échapper par la respiration et infecter des personnes non vaccinées ? se demande le Dr Mark Sircus, professeur d'oncologie naturelle.

Il est terrible de penser que les fous qui ont créé le virus par des expériences de "gain de fonction" vont de pair avec des fous similaires de l'industrie pharmaceutique qui utilisent leur vaccin pour répandre encore plus largement les protéines de pointe dans la population humaine".

Un gouvernement qui a votre santé à cœur arrêterait immédiatement de vacciner.

Il me semble évident que tout gouvernement ayant réellement à cœur la santé de la population déclarerait dès maintenant un moratoire sur toutes les vaccinations Covid, du moins jusqu'à ce que des recherches plus approfondies aient été menées dans le monde entier, avant que ces vaccins ne se soldent effectivement par un massacre mortel comme le monde n'en a jamais connu.

Or, c'est le contraire qui se produit. Le gouvernement européen travaille sur une série d'amendements (constitutionnels) qui devraient rendre permanente la privation de notre liberté et de notre droit à l'autodétermination, et ouvrir la voie aux vaccinations obligatoires.

Si nous en arrivons là, nous ne pourrons probablement que conclure que notre propre gouvernement s'est déclaré le plus grand ennemi de la santé publique et qu'il contribue sciemment à la réalisation d'un génocide potentiel. Nous ne pouvons qu'espérer qu'il y a suffisamment de politiciens et de parlementaires à Bruxelles qui écouteront (à nouveau) leur conscience.

Un certain nombre de décideurs politiques semblent avoir définitivement perdu leur capacité à le faire.

Chapitre 5 : Protestation = Terrorisme ?

Personne ne veut l'entendre, personne n'est autorisé à le dire, mais tout le monde sait où cela pourrait aboutir.

Alors que l'Europe avance à toute vapeur vers la mise en œuvre d'une discrimination officielle en divisant la société entre les "bons" (testés/vaccinés) et les "mauvais" (non testés/non vaccinés), la première balle est lancée aux États-Unis pour ce qui constitue le but ultime de choses comme les passeports vaccinaux : l'élimination complète des "mauvais" de la société. La célèbre revue Nature a publié un appel aux Nations unies et à tous les gouvernements pour qu'ils prennent des mesures draconiennes afin de mettre un terme à "l'agression anti-vax". Voici comment vous, en tant que personne non vaccinée, serez bientôt considérée et traitée : comme un terroriste.

Le fascisme de maniaques meurtriers comme Hitler et Staline fait un retour en force. Le pédiatre texan Peter Hotez est devenu une idole corona si extrême qu'il met les personnes qui critiquent les vaccinations sur le même plan que les cybercriminels et le terrorisme nucléaire. Utilisant un langage carrément guerrier, il appelle à une "contre-offensive" des gouvernements pour attaquer et réduire au silence quiconque s'oppose aux vaccinations.

Contre-offensive contre les nouvelles forces destructrices".

Pour stopper la propagation du coronavirus, il faut une contre-offensive de haut niveau contre les nouvelles forces destructrices", écrit Hotez. Les efforts doivent s'étendre aux domaines de la cybersécurité, de l'application de la loi, de l'éducation du public et des relations internationales. Un groupe de travail inter-agences de haut niveau, placé sous l'autorité du secrétaire général des Nations unies, pourrait faire le point sur l'impact global de l'agression anti-vaccinale et proposer des mesures sévères et équilibrées.

Ce groupe de travail devrait comprendre des experts qui se sont attaqués à des menaces mondiales complexes telles que le terrorisme, les cyberattaques et l'armement nucléaire. En effet, l'antiscience s'approche désormais d'un niveau de menace similaire. Il est de plus en plus évident qu'une contre-offensive est nécessaire pour promouvoir les vaccinations."

La police et l'armée contre les opposants aux vaccins

Hotez parle d'"'agressions ciblées contre des scientifiques" qui seraient commises par des anti-vaxxers, mais ne cite pas un seul exemple concret. Pour mettre fin à cette "agression" fictive, il préconise littéralement des attaques ciblées (armées) contre les anti-vaxxers. En fait, il veut que le gouvernement utilise la police et l'armée pour faire face aux détracteurs et aux réfractaires aux vaccins - en réalité des personnes qui refusent de participer à ces expériences de manipulation génétique qui, selon les statistiques officielles de l'UE, ont déjà fait un nombre énorme de victimes.

En lançant cet appel scandaleux, Nature, qui était déjà complètement dans la poche de la mafia internationale des vaccins, qui mène maintenant une expérience génocidaire monstrueuse sur l'ensemble de l'humanité avec l'aide de presque tous les gouvernements, a perdu sa crédibilité une fois pour toutes.

La violence grossière contre les "mauvaises" personnes est à nouveau considérée comme acceptable.

La violence grossière contre des hommes, des femmes et des enfants innocents est manifestement considérée comme acceptable à nouveau. Cela fait des années que nous mettons en garde contre le retour et même le dépassement des années 1930 et 1940, et maintenant cela se produit. Si cela ne s'arrête pas, si les gens ne se soulèvent pas en masse contre ce qui pourrait être le pire crime contre l'humanité de tous les temps, cela va se terminer irrévocablement comme dans les années 1940, à savoir par des "installations" où les "mauvaises" personnes indésirables sont enfermées et mises à l'écart afin que le reste de la société puisse à nouveau se comporter "en toute sécurité".

Ou en d'autres termes : avec des camps de concentration.

Tant que les gens continueront à nier qu'une répétition de cette horrible histoire est possible, tant que les gens refuseront de faire face aux parallèles effrayants avec l'Allemagne nazie, les forces mondialistes de la vaccination pourront continuer sans entrave.

Les Russes l'ont encore fait

Et "bien sûr", toujours selon Hotez, "les Russes" sont derrière toute la "désinformation sur les vaccins". Nous oublions alors un instant que la Russie a été l'un des premiers pays à développer un vaccin et à commencer à l'administrer à sa population.

Peu importe, car depuis l'année dernière, les médias occidentaux se sont eux aussi définitivement débarrassés de leur dernier lambeau d'indépendance et d'objectivité feintes, et sont même fiers de fonctionner comme les organes de propagande de l'establishment occidental et du culte mondialiste du climat-vaccin. À propos, nous écrivons depuis des années que "les Russes" seront accusés de presque tout, et ce dans le but de vous faire accepter - voire appeler - à la Troisième Guerre mondiale prévue contre la Russie, et très probablement aussi contre la Chine.

L'humanité gouvernée par des monstres sans scrupules

Des monstres sans scrupules sont à la tête de l'humanité, qui, par son obéissance aveugle et sa docilité inconditionnelle, est elle-même transformée pas à pas en un monstre tout aussi peu scrupuleux. Il n'est pas encore trop tard, mais il reste très peu de temps pour arrêter les passeports obligatoires pour les tests et les vaccins, suivis des tests et des vaccins obligatoires, puis de l'emprisonnement et de l'élimination éventuelle des "mauvais" non vaccinés - aux yeux de Hotez, les nouveaux "terroristes".

Chapitre 6 : Suppression du système immunitaire

Le Covid-19 est "principalement une maladie vasculaire", selon les chercheurs - Circulation Research : Les lésions pulmonaires sont favorisées par une protéine de pointe - Votre système immunitaire travaille contre vous pour vous protéger du vaccin.

Dans une publication scientifique, des chercheurs du célèbre Salk Institute, fondé par le pionnier des vaccins Jonas Salk, admettent indirectement que les vaccins Covid provoquent des caillots sanguins potentiellement mortels et nuisent à la fois aux vaisseaux sanguins et au système immunitaire.

Nous avons noté en début de semaine qu'un nombre croissant de scientifiques de renom en viennent à penser que les vaccins constituent le plus grand danger pour la santé humaine.

Des milliers d'Européens et d'Américains ont déjà payé de leur vie, et des centaines de milliers de leur santé, leur participation "volontaire" à la plus grande expérience "médicale" de l'histoire.

En Occident, tous les vaccins Covid programment le corps humain pour qu'il crée la protéine spike, l'élément le plus mortel du prétendu virus SRAS-CoV-2, dans le but de protéger les humains contre les conséquences dommageables de la protéine spike.

En un mot, nous faisons fabriquer à votre corps quelque chose de nocif pour qu'il génère des anticorps contre ce même danger, mais nous n'avons aucune idée de la manière dont ce processus pourra jamais être arrêté, ni même s'il le sera.

Alors pourquoi ne pas prendre le "risque" de contracter le virus, dont il a été démontré qu'il ne rendait pas malade 99,7% de la population, voire pas du tout ? Non, en 2021, ce raisonnement rationnel, historiquement non controversé, est soudainement dépassé. Nous ne pouvons plus compter sur notre système immunitaire naturel et devons plutôt compter sur ce qui est administré par une seringue.

La Covid-19 est principalement une maladie vasculaire, explique le chercheur.

L'industrie de la vaccination, les politiciens et les médias continuent d'insister sur le fait que la protéine spike est sans danger, mais le Salk Institute a maintenant établi que ce n'est pas le cas. Au contraire, les chercheurs du Salk Institute et d'autres collègues scientifiques avertissent dans la publication "The spike protein of the new coronavirus plays an extra crucial role in disease" que la protéine spike endommage les cellules, "ce qui confirme que le Covid-19 est en grande partie une maladie vasculaire."

Une autre protéine de pointe qui a fait tant de victimes ?

Bien sûr, il est interdit aux scientifiques de Salk de critiquer directement les vaccins. C'est pourquoi, selon leur article, la protéine de pointe produite par les vaccins se comporte très différemment de la protéine de pointe produite par le prétendu virus.

Tout d'abord, cela contredit les affirmations de tous les fabricants de vaccins selon lesquelles leurs vaccins créent la même protéine de pointe. Deuxièmement, cela jette un doute sur l'efficacité des vaccins, car si la protéine de pointe produite par les vaccins diffère considérablement de celle produite par le virus, quel est l'intérêt de la vaccination (en supposant, pour l'instant, que ces "vaccins" génétiquement conçus fonctionnent) ?

D'un autre côté, même les scientifiques pro-vaccins acceptent maintenant que la protéine de pointe est responsable d'un grand nombre de décès et de personnes souffrant d'effets secondaires majeurs et de dommages à long terme, souvent permanents, pour la santé. En d'autres termes, c'est une admission implicite que les vaccinations Covid-19 sont potentiellement mortelles.

La protéine de pointe provoque des lésions pulmonaires, selon une étude publiée dans Circulation Research.

"La protéine de pointe SARS-Cov-2 altère la fonction endothéliale en inhibant l'ACE-2", selon une étude scientifique publiée dans Circulation Research. L'intérieur du cœur et des vaisseaux sanguins est tapissé de cellules endothéliales. En diminuant les récepteurs ACE-2, la protéine spike "favorise les lésions pulmonaires". Les cellules endothéliales des artères sanguines sont endommagées, et le métabolisme s'en trouve perturbé.

Les auteurs de cette étude étaient également favorables à la vaccination, affirmant que les "anticorps générés par le vaccin" pouvaient protéger l'organisme contre la protéine spike. Essentiellement, la protéine de pointe peut causer des dommages importants aux cellules vasculaires, et le système immunitaire peut contrer ces dommages en combattant la protéine de pointe.

Le système immunitaire essaie de vous protéger CONTRE le vaccin.

En d'autres termes, le système immunitaire humain s'efforce de défendre le patient contre les effets négatifs et les contre-réactions du vaccin afin d'empêcher le patient de mourir. Toute personne qui survit au vaccin Covid le doit à la protection de son propre système immunitaire CONTRE le vaccin, et non au vaccin lui-même.

La vaccination est l'arme", conclut Mike "Natural News" Adams. Votre système immunitaire vous protège. Tous les vaccins Covid devraient être retirés du marché immédiatement et réévalués pour leurs effets négatifs à long terme, sur la base de cette seule recherche.

Selon les statistiques officielles du VAERS, le nombre de décès liés aux vaccins aux États-Unis en 2021 sera supérieur de près de 4 000 % au nombre total de décès liés aux vaccins en 2020.

Le vaccin saint n'est pas responsable d'une crise cardiaque ou d'une hémorragie cérébrale.

Le mécanisme suivant a été scientifiquement prouvé et est désormais établi : les vaccins Covid-19 incitent votre corps à fabriquer la protéine spike, qui peut provoquer des lésions vasculaires et des caillots de sang, lesquels peuvent se déplacer dans tout le corps et se retrouver dans divers organes (cœur, poumons, cerveau, etc.). Les personnes qui meurent à cause de cela sont appelées "crise cardiaque", "caillot de sang" ou "hémorragie cérébrale". Les sacro-saints vaccins ne peuvent et ne doivent jamais être mis en cause, quelles que soient les preuves actuelles qu'ils en sont la cause principale.

Les vaccinés semblent présenter un risque pour les non-vaccinés, en plus de la possibilité d'un préjudice permanent ou mortel pour leur propre santé. De nombreux "wappies" de la couronne qui ont récemment reçu leurs vaccins ont été transformés en "usines à pointes" ambulantes, et peuvent maintenant exhaler ces protéines de pointes. Ils peuvent ainsi infecter d'autres personnes par ce processus d'"excrétion".

Les vaccins contre les armes biologiques ont été créés par l'administration de l'apartheid contre la population noire.

Les vaccins sont utilisés depuis longtemps comme armes biologiques contre le grand public. Le gouvernement d'apartheid de l'Afrique du Sud a créé la technologie à la base d'une telle vaccination "auto-réplicative". À l'époque, les scientifiques développaient des vaccins "raciaux" dans le but d'éradiquer une grande partie de la population noire.

Cette année, l'école de santé publique Johns Hopkins Bloomberg a proposé d'utiliser un vaccin auto-répliqué pour "vacciner" automatiquement l'ensemble de la population mondiale. Des drones et des robots d'IA seraient ensuite utilisés pour appliquer et surveiller le programme.

Les personnes qui sont encore impatientes de s'inscrire dans une allée de vaccins qui seront génétiquement modifiés pour générer une protéine de pointe potentiellement mortelle semblent avoir été totalement trompées par les médias grand public et les politiciens du système. Ils ont été engourdis par tous les avertissements et les montagnes de preuves, et ils ne

peuvent pas croire que le monde est dirigé par des
monstres sans scrupules qui n'ont aucun scrupule à
commettre le plus grand génocide potentiel de l'histoire
de l'humanité.

Chapitre 7 : Passeports et puces

Une interview de 2016 de Klaus Schwab, haut responsable du WEF, dans laquelle il prédit que "d'ici 10 ans" une carte de santé mondiale obligatoire sera adoptée, et que tout le monde aura des puces implantées, ajoute à la preuve que le numéro de Covid-19 a été minutieusement préparé.

Schwab aurait travaillé sur un plan il y a au moins cinq ans pour créer une énorme épidémie de virus et l'exploiter pour établir des passeports sanitaires et les lier à des tests et des vaccinations obligatoires, le tout selon l'approche problème-réaction-solution. L'objectif est d'avoir un contrôle total sur l'ensemble de la population humaine de la planète.

D'ici dix ans, nous aurons des micropuces implantées", a déclaré Schwab il y a cinq ans.

En 2016, un intervieweur francophone lui a demandé : "On parle de puces implantables ?" "Quand est-ce que ça va arriver ?".

"Absolument dans les dix prochaines années", a déclaré Schwab. Nous commencerons par les mettre dans nos vêtements. Nous pouvons ensuite imaginer les implanter dans notre cerveau ou notre peau. Le contremaître du WEF a ensuite commenté sa vision de la "fusion" de l'homme et de la machine.

À l'avenir, nous pourrons peut-être communiquer directement entre notre cerveau et le monde numérique. Nous observons une fusion des mondes physique, numérique et biologique". Il suffira de penser à quelqu'un dans le futur pour pouvoir le joindre directement à travers le "nuage".

Il n'y aura plus de personnes biologiques avec un ADN naturel dans le monde transhumaniste, qui deviendra enfin entièrement "numérique". Le "cloud" sera utilisé pour stocker les données de chacun.

L'humanité a commencé à être reprogrammée génétiquement.

L'ordre économique actuel sera détruit par le "Great Reset" de Schwab ("Build Back Better"). L'effondrement financier imminent sera exploité pour lancer un nouveau système mondial basé uniquement sur la monnaie et les transactions numériques. Ce nouveau système sera connecté au monde entier grâce à la technologie 5G. Les réfractaires seront interdits "d'achat et de vente", autrement dit, de vie sociale.

À la fin des années 2020, les " vaccins " à ARNm Covid-19 ont commencé à programmer et à manipuler génétiquement l'humanité afin de la rendre " apte " à être d'abord liée, puis intégrée, à ce système numérique mondial, qui, comme vous le savez, est selon moi le domaine biblique de la " Bête ".

Ces vaccins modificateurs de gènes ont le potentiel d'éliminer votre libre arbitre et votre capacité à penser par vous-même, ainsi que votre désir et votre capacité à vous connecter au monde spirituel.

Perspective chrétienne : l'humanité est coupée de Dieu

D'un point de vue chrétien, la reprogrammation de l'ADN humain par ces vaccins peut être considérée comme la dernière tentative de Satan pour séparer définitivement l'humanité de Dieu. Cela semble être la véritable explication de l'avertissement du livre biblique prophétique de l'Apocalypse selon lequel les individus qui portent cette "marque" périront.

Ce n'est pas simplement à cause d'une puce et d'une succession de piqûres ; c'est à cause de ce que ces piqûres feront à et en vous. En conséquence, Dieu sera incapable de sauver ceux dont l'esprit (le libre arbitre) aura été reprogrammé pour une obéissance totale ("adoration"). Cela nécessitera Son intervention, car sinon, l'humanité dans son ensemble sera perdue à jamais.

Les faux enseignements ont aveuglé une grande partie du christianisme.

L'aspect essentiel de ce complot sournois, qui était en préparation depuis longtemps, était l'infiltration du christianisme avec une série de faux enseignements, dans le but de maintenir les croyants aveugles jusqu'à la fin des temps, en préparation de l'avènement et de l'établissement du règne de la Bête.

En effet, des dizaines à des centaines de millions de chrétiens, notamment en Occident, croient qu'ils n'auront jamais à vivre cette période. Même maintenant, alors que la mise en œuvre de ce système a commencé, la majorité des gens refusent de l'accepter. Avec leurs opinions pro-vaccination, la plupart des partis et des églises chrétiennes coopèrent ouvertement à cette "Grande Réinitialisation" vers le domaine de "la Bête". En termes théologiques, le Vatican en est le moteur le plus puissant et le plus convaincu.

"Mais nous avons été dupés !" n'est pas une excuse.

Peut-être qu'un parallèle biblique peut aider certaines personnes à comprendre ? Genèse 3, le récit de la création et de la "chute", tel qu'il nous est raconté aujourd'hui : Le serpent persuade Adam et Eve qu'ils n'ont pas le droit de "manger" la "pomme", en l'occurrence le signe, c'est-à-dire de ne pas se la faire piquer (test de la racine du "signe" : charagma = gratter/quelque chose avec une aiguille = piquer), mais le serpent les persuade que ce signe ne les damnera pas, mais fera d'eux des "dieux". Après avoir été persuadés par ce mensonge, leurs plaintes contre Dieu ("mais on nous a menti !") ont été vaines, et ils sont morts lentement et douloureusement. Ils auraient pu et dû savoir, ils n'avaient donc aucune justification.

Accepter le "signe", selon la Bible, entraîne une conséquence encore plus grave : la mort éternelle. Se laisser modifier génétiquement par des vaccins à ARNm, puis intégrer dans un réseau numérique mondial, c'est-à-dire renoncer à tout contrôle sur son corps et à son libre arbitre, c'est à chaque individu de décider si le danger en vaut la peine.

Chapitre 8 : Plus de liberté

L'administration fédérale américaine de la santé et de la sécurité au travail (OSHA) avertit les employeurs qu'ils seront tenus responsables de tout dommage causé à la santé de leurs employés s'ils sont tenus de se faire vacciner contre le Covid-19. Cette question pourrait devenir délicate en Europe également, puisque le gouvernement a rejeté par avance toute responsabilité gouvernementale et l'a mise sur le dos des prestataires de soins de santé. Si, en fin de compte, aucune agence ne veut assumer la responsabilité, alors, au regard des droits de l'homme, ces vaccinations ne peuvent pas être directement ou indirectement une condition pour obtenir ou avoir un emploi, ou pour accéder à des bâtiments et à des événements, comme c'est actuellement l'intention.

Si un travailleur américain est contraint de se faire injecter ces thérapies géniques expérimentales à base d'ARNm conditionnées sous forme de "vaccins" et qu'il devient ensuite aveugle ou paralysé, voire meurt, cette blessure sera considérée comme "liée au travail", ce qui rendra son employeur responsable. Les directives stipulent également que les employeurs sont tenus d'enregistrer les effets secondaires (graves) et les réactions indésirables consécutifs aux vaccinations Covid chez leurs employés.

La nouvelle directive de l'OSHA a été publiée le 20 avril et constitue une réponse aux entreprises et institutions qui avaient annoncé que tous leurs employés seraient tenus de se faire vacciner, comme le réseau des hôpitaux méthodistes de Houston. Ceux qui refusent seront d'abord suspendus, puis licenciés.

Les vaccins n'ont qu'une autorisation d'urgence

On s'attend à ce que cette organisation hospitalière et de nombreux autres employeurs soient poursuivis s'ils mettent en œuvre ces plans et que leurs employés tombent malades ou meurent. Selon le système d'enregistrement VAERS, près de 200 000 Américains ont déjà subi des dommages pour leur santé à cause des vaccins Covid-19, et près de 4 000 sont morts. Près de 20 000 ont subi des dommages graves (à long terme ou permanents) (maladies auto-immunes, paralysie, cécité, maladie musculaire SLA, Creutzfeld-Jakob, Alzheimer, etc.)

America's Frontline Doctors (AFLDS) prévient que les vaccins - comme en Europe - ne disposent que d'une autorisation d'urgence temporaire, et que pour cette seule raison, ils ne peuvent être imposés à quiconque. L'autorisation d'urgence de la Food & Drug Administration américaine stipule spécifiquement que les individus doivent avoir le libre choix d'accepter ou de refuser ces vaccins", explique LifeSiteNews. Nombreux sont ceux qui soulignent que tout licenciement pour refus de vaccins porte absolument atteinte à votre nécessaire liberté.

Toutefois, la Cour européenne des droits de l'homme a récemment statué que les vaccinations obligatoires étaient légales. Pourtant, même aux Pays-Bas, aucun travailleur ne devrait accepter automatiquement que son patron exige une vaccination contre le virus Covid-19 comme condition pour garder son emploi ou continuer à faire le travail pour lequel il a été engagé.

Chapitre 9 : Pas de soins de santé

Certains médecins sont tellement endoctrinés et terrifiés qu'ils rejettent la faute sur les malades eux-mêmes : "Mon employeur a exercé une forte pression sur moi pour que je sois vacciné".

The Highwire, le programme américain de santé sur Internet qui connaît la croissance la plus rapide et compte déjà plus de 75 millions de téléspectateurs, a récemment attiré l'attention sur une tendance inquiétante aux États-Unis, qui pourrait également se produire dans d'autres pays occidentaux. En effet, de plus en plus de médecins refusent de traiter les personnes qui souffrent d'effets secondaires graves et de réactions indésirables après une vaccination avec un vaccin Covid-19. La raison en est évidente : l'establishment politique et pharmaceutique a effectivement canonisé ces vaccins manipulés génétiquement. Si des personnes tombent très malades ou même meurent à cause de ces vaccins - aux États-Unis, en 2021, il y aura déjà 4000% de plus de victimes des vaccins que durant toute l'année 2020 pour toutes les autres vaccinations combinées - alors les instructions sont que cela ne peut pas et ne doit pas être la faute du vaccin. Les médecins qui observent néanmoins cela doivent craindre pour leur emploi et leur carrière.

Certains médecins sont tellement endoctrinés qu'ils accusent les malades eux-mêmes. Ils traitent les personnes qui souffrent d'effets secondaires graves après une vaccination de patients atteints d'un "trouble de conversion", de peur de mettre dans leur dossier que le vaccin en est la cause probable. (Ou, en d'autres termes, "rentrez chez vous, ma petite dame, parce que c'est entre vos oreilles").

Le 4 janvier, mon employeur a exercé une forte pression sur moi pour que je me fasse vacciner", m'a raconté Shawn Skelton. Après avoir obtempéré, elle a immédiatement ressenti des effets secondaires tels que de légers symptômes grippaux. Mais à la fin de la journée, j'avais tellement mal aux jambes que je n'en pouvais plus. Quand je me suis réveillée le lendemain, ma langue tremblait, puis ça a empiré. Le jour suivant, j'ai eu des convulsions dans tout le corps. Cela a duré 13 jours.

Ils ont trop peur de nous soigner, disent-ils.

Un médecin m'a dit que le diagnostic était le suivant : "Je ne sais pas ce qui ne va pas chez vous, c'est pourquoi nous vous blâmons", a déclaré un autre. Skelton a développé. Les médecins ne savent tout simplement pas comment aborder les effets négatifs du vaccin à ARNm. Je crois aussi qu'ils en sont terrifiés. Je n'arrive pas à comprendre pourquoi aucun médecin ne veut nous aider.

Deux autres agents de santé, Angelia Desselle et Kristi Simmonds, ont vécu des expériences similaires. Elles aussi ont souffert de convulsions, et leurs médecins ont également refusé de les traiter. Un neurologue a rejeté le courriel de Desselle qui lui avait été adressé. C'était un spécialiste des troubles du mouvement, ce dont je pensais avoir besoin. Mon médecin traitant m'a dit qu'il semblait que je souffrais d'une maladie de Parkinson avancée. Mais il m'a répondu par courriel qu'il avait des tâches très complexes et qu'il ne pouvait pas me recevoir à ce moment-là.'

Les autres médecins lui ayant également fermé la porte, elle s'est rendue chez un neurologue sans mentionner qu'elle avait été vaccinée contre le Covid-19. Je ne voulais pas qu'on me renvoie à nouveau. Mais c'est dans mon dossier médical, et quand il l'a regardé, il m'a dit : 'Vous avez donc fait le vaccin ? Et j'ai répondu 'oui, mais je ne voulais pas vous donner cette information parce que j'ai besoin d'aide'. Maintenant, elle reçoit enfin un traitement pour ses crises de migraine.
En Europe, les médecins généralistes et spécialistes sont soumis à une réglementation stricte.

Nous ne savons pas si les médecins généralistes européens refusent également de traiter les patients vaccinés qui tombent malades. Il leur est toutefois interdit de prescrire aux patients (présumés) atteints de corona des médicaments dont l'efficacité et la sécurité ont été prouvées, comme l'hydroxychloroquine et l'Ivermectin. Rien ne devrait menacer le "saint" programme de vaccination de masse - récupération : programme de génie génétique, après tout.

En Europe, les médecins généralistes et spécialistes sont soumis à une réglementation stricte.

Nous ne savons pas si les médecins généralistes européens refusent également de traiter les patients vaccinés qui tombent malades. Il leur est toutefois interdit de prescrire aux patients (présumés) atteints de corona des médicaments dont l'efficacité et la sécurité ont été prouvées, comme l'hydroxychloroquine et l'Ivermectin. Rien ne devrait menacer le "saint" programme de vaccination de masse - récupération : programme de génie génétique, après tout.

Au début de l'année, le gouvernement a fait porter toute responsabilité des conséquences des vaccins Covid sur les épaules des prestataires de soins de santé et des personnes vaccinées. Il n'est donc pas inconcevable que les professionnels de santé et les spécialistes en Europe soient réticents à reconnaître, et encore moins à traiter, les victimes de la vaccination en tant que telles.

Chapitre 10 : Oser parler

La vaccination pendant une pandémie était auparavant considérée comme "impensable" dans le monde scientifique - jusqu'à l'année dernière. Une enquête a été ouverte sur les risques croissants d'infection et de décès chez les personnes vaccinées.

Les vaccins de masse mondiaux contre le Covid-19 sont "impensables", "inacceptables" et constituent une "erreur historique", selon Luc Montagnier, un virologue français qui a reçu le prix Nobel en 2008 pour avoir découvert le VIH. Les vaccins sont à l'origine de "variantes" et les individus meurent de la maladie à cause d'eux.

N'est-ce pas une énorme négligence ? Il s'agissait d'une erreur à la fois scientifique et médicale. Dans une interview traduite et publiée mardi dernier par la Fondation RAIR USA, Montagnier a déclaré : "C'est une erreur terrible." 'Cela sera documenté dans les livres d'histoire parce que les mutations sont causées par la vaccination.'

De nombreux épidémiologistes en sont conscients, mais ils restent silencieux à ce sujet, même lorsqu'il s'agit de questions bien connues comme le "renforcement dépendant des anticorps" : "Ce sont les anticorps du virus qui permettent à la maladie de s'aggraver", a déclaré Montagnier au début du mois dans un entretien avec Pierre Barnérias de Hold-Up Media.

Bien que des variantes (mutations) se développent
naturellement (mais deviennent pratiquement toujours
moins létales et donc moins dangereuses), les
vaccinations Covid sont aujourd'hui les principaux
moteurs de ce processus. Quelle est la fonction du virus
? Va-t-il mourir ou va-t-il trouver un autre moyen ? Les
nouvelles variations sont clairement formées à la suite
de l'intervention de certains anticorps".

**Jusqu'à l'année dernière, la vaccination pendant les
pandémies était considérée comme "impensable"
dans le monde scientifique.**

La vaccination pendant une pandémie était autrefois
considérée comme "impensable" par la science, car il a
été prouvé qu'elle augmentait le nombre de malades et
de décès. Les vaccinations ont produit et entraîné de
nouvelles variations. C'est un phénomène que l'on
observe dans tous les pays ; c'est le même partout. Les
vaccinations provoquent la mortalité dans tous les
pays".

Des données de l'Institute for Health Metrics and
Evaluation de l'Université de Washington ont été
utilisées dans une vidéo pour mettre en évidence
l'augmentation considérable du nombre de décès dans
tous les pays où les vaccinations ont été mises en
œuvre. Mme Montagnier a cité des données officielles
de l'OMS montrant que depuis le début des
vaccinations en janvier, non seulement le nombre de

décès, mais aussi le nombre de nouvelles infections et de personnes malades ont augmenté de façon spectaculaire, "en particulier chez les jeunes".

Les infections et la mortalité après les vaccins sont en cours d'étude.

La thrombose (caillots sanguins) est l'une des raisons pour lesquelles de nombreux pays ont cessé d'utiliser le vaccin d'AstraZeneca, selon le lauréat du prix Nobel. Il travaille également à une étude sur les personnes qui tombent malades à cause du coronavirus après avoir été vaccinées. Selon le CDC, au moins 5 800 Américains avaient été touchés par le virus en avril ; 396 d'entre eux ont été hospitalisés et 74 sont décédés.

"Je vais démontrer qu'ils développent des variations résistantes aux vaccins". Montagnier a fait la une des journaux en avril 2020 lorsqu'il a déclaré que le virus SRAS-CoV-2 devait avoir été créé dans un laboratoire. "La présence d'éléments du VIH et de germes du paludisme dans le génome du coronavirus est particulièrement suspecte. Ces caractéristiques du virus n'ont pas pu se développer spontanément." En juillet 2020, il publie une étude qui conforte son idée.

Y a-t-il un projet d'euthanasie de masse en préparation ?

L'argument selon lequel les vaccinations Covid-19 s'apparentent davantage à un programme d'euthanasie au ralenti, qui pourrait aboutir à court ou moyen terme à un génocide ouvert d'une ampleur sans précédent, semble de plus en plus justifié. Les personnes qui ont été récemment vaccinées et qui prétendent que "rien ne les dérange" oublient que les effets néfastes (graves) de la vaccination peuvent mettre des semaines, des mois, voire des années à se manifester.

Comme le virus n'a encore été isolé nulle part dans le monde, certains pensent que le "nouveau coronavirus" n'est qu'une vaste escroquerie destinée à injecter aux gens cette thérapie génique expérimentale. En conséquence, les bases d'une plateforme de programmation ARN-ADN transhumaine sont en train d'être posées, qui pourrait modifier, contrôler ou paralyser de façon permanente toute personne ayant reçu ces vaccins.

Chapitre 11 : Mandat de poison

Risque d'empoisonnement par le gaz phosgène mortel".

Les ingrédients du "vaccin" Moderna Covid-19 ont été rendus publics par le ministère de la Santé du Connecticut. D'après la notice, ce vaccin contient du "SM-102", qui, selon le fabricant, "n'est pas acceptable pour un usage humain ou animal". Le producteur, Cayman Chemical Company, a déclaré à l'OSHA que ce produit chimique provoque un "empoisonnement aigu" et est "fatal au contact de la peau". En cas d'exposition prolongée ou répétée, le SM-102 " endommage le système nerveux central, les reins, le foie et le système respiratoire. "

En bref, les personnes qui reçoivent ce vaccin peuvent s'empoisonner. Malgré cela, le gouvernement et les médias continuent de vanter la sécurité des vaccins.

La liste complète des ingrédients du département de la santé du Connecticut peut être consultée en ligne (archives ici) (miroir Natural News : formulaire de dépistage pré-vaccinal - V20, et liste des ingrédients du vaccin Covid-19 et calendrier des protéines de pointe).

Les directives du gouvernement à l'intention des établissements de soins de santé précisent en outre que le risque de choc anaphylactique lié aux vaccinations est si élevé que tous les sites de vaccination devraient disposer de médicaments contre les réactions indésirables graves. La perte de conscience, la désorientation, la confusion, la faiblesse, la diarrhée, la nausée, les vomissements, la vision en tunnel, la vision d'éclairs de lumière, les problèmes d'audition et la perte d'audition font partie des nombreux effets secondaires signalés. (Et ceci pour un virus qui est totalement inoffensif pour 99,7% de la population).

SM-102

Après avoir publié cette information, Hal Turner a reçu de nombreux courriels de personnes affirmant que les avertissements relatifs au SM-102 ne s'appliquent qu'au chloroforme, et non au vaccin Covid de Moderna. Le SM-102 est le troisième élément le plus courant dans la liste des ingrédients du "vaccin" Moderna, et c'est bien ce composant, selon la Cayman Chemical Company.

Empoisonnement mortel au gaz phosgène".

Le chloroforme, comme tout autre produit chimique, se dégrade. Lorsqu'il entre en contact avec l'oxygène, il se décompose en gaz phosgène ", qui est un " gaz très toxique (un mélange de monoxyde de carbone et de chlore) qui se liquéfie à +8 degrés ", selon le Grand dictionnaire Van Dale. À seulement 7 parties par million, il est mortel (7 parties par million).

Par conséquent, toute personne qui reçoit cette injection peut acquérir du chloroforme, qui peut ensuite se décomposer en gaz phosgène en circulant dans son

corps. Certaines personnes, peut-être beaucoup,
peuvent atteindre un seuil mortel de gaz phosgène dans
leur corps et en mourir, peut-être dans les 180 jours
suivant leur deuxième dose'.

L'empoisonnement au phosgène peut potentiellement
conduire à la formation d'une embolie pulmonaire. Les
poumons du patient se remplissent de liquide, ce qui
l'empêche de respirer. C'est exactement ce qui est
arrivé l'année dernière à de graves victimes du Covid-
19, qui ont été hospitalisées et ont dû être maintenues
en vie.

**Quelle technique ingénieuse pour dépeupler le monde
- personne ne s'en aperçoit.**

Une fois que ces personnes se seront écrasées au sol
comme des mouches, les mêmes personnes qui nous
ont donné le vaccin pourront facilement mettre cela sur
le compte d'une variation de Covid", conclut Turner. Il
est tragique qu'ils soient morts à cause de cette
mutation contre laquelle le vaccin n'a pas réussi à les
protéger". Serait-ce le cas du "déni plausible" d'un
meurtre de masse ? Prenez votre propre décision". (Ou
alors c'est utilisé pour imposer un énième vaccin au
public).

Turner conclut : "Quelle méthode fantastique pour
dépeupler le monde. Personne ne s'en aperçoit car les
décès et les piqûres se produisent sur une longue

période, et les symptômes du gaz phosgène sont identiques à ceux du Covid.

L'histoire de Turner a rapidement été qualifiée de "désinformation" par le "vérificateur de faits" de Facebook, Leadstories.com. Étant donné que ce type de "vérificateurs de faits" a été une source majeure de désinformation à maintes reprises depuis l'année dernière, et semble avoir été mis en place uniquement pour donner un "cachet d'approbation" à la propagande mensongère des médias grand public, cela signifie presque automatiquement qu'il peut y avoir un grand noyau de vérité en 2021.

Dépliant sans contenu

Une infirmière avait auparavant remis à Turner des images de la notice obligatoire qui sera incluse dans les cartons de vaccination Moderna. Quand je l'ai vue, j'ai été horrifié", a déclaré le professionnel de santé. Pouvez-vous me dire où se trouve la liste des ingrédients ? En fait, il n'y avait rien. Je n'ai jamais injecté à un patient quelque chose qui ressemble à ça. Ils sont conscients du contenu.

En ce qui concerne les brochures d'information, connaissez-vous une seule personne vaccinée qui ait reçu ou téléchargé et lu une brochure avant le "vaccin" ? Les denrées alimentaires doivent contenir une longue liste d'ingrédients, sinon elles ne seront pas vendues. On peut dire la même chose de la plupart des médicaments et des biens de consommation courants.

Alors pourquoi faire une exception pour les vaccins ?
Pourquoi est-il aussi difficile que possible pour vous
d'apprendre ce que vous injectez dans votre corps et les
conséquences potentielles ?

Achèteriez-vous une soupe portant l'étiquette "Nous
saurons si les ingrédients sont sûrs dans trois ans" ?

Les partisans de la vaccination refuseraient-ils toujours
de l'envisager s'ils lisaient l'horrible notice du vaccin
AstraZeneca/Vaxzevria, qui se lit comme suit : "Contient
un adénovirus génétiquement modifié dérivé du
chimpanzé, produit dans des cellules rénales
embryonnaires humaines". Des OGM (organismes
génétiquement modifiés) sont présents dans ce
produit". ("Une dose unique (0,5 ml) comprend au
moins 250 millions d'unités infectieuses d'adénovirus de
chimpanzé, qui code pour la glycoprotéine de pointe du
SRAS-CoV-2, ChAdOx1-S.")

Qu'en est-il de la réalité noire et blanche selon laquelle
l'efficacité, la stabilité et la sécurité du vaccin ne doivent
pas être clairement démontrées avant le 31 mai 2022 ?
Ce n'est pas avant le 31 mars 2024, soit dans TROIS
ANS, pour les personnes âgées et les malades
chroniques (p. 16). Que feraient les partisans de la
vaccination s'ils allaient à l'épicerie acheter une boîte de
soupe et voyaient sur l'étiquette qu'on ne saura pas si
les composants de cette soupe sont sans danger pour
leur santé avant un an ou trois ? Ne décideraient-ils pas

alors : "On ne va pas le faire pendant un moment, on va prendre autre chose ?".

Chapitre 12 : Sang toxique

Pour l'instant, les Croix-Rouge du Japon et de Belgique n'acceptent pas les dons de sang de personnes ayant été vaccinées contre le Covid-19. Selon Jeffrey Kingston, responsable des études sur l'Asie à la Temple University, le Japon n'a pas oublié la crise des années 1980, lorsque le gouvernement a approuvé l'utilisation du sang de donneurs infectés par le VIH. Cela s'est produit en dépit du fait que l'on savait déjà que le chauffage pouvait tuer les particules virales dans le sang.

Seuls 2 % des Japonais sont encore totalement vaccinés - récupération : thérapie par manipulation génétique, contre 35 % aux États-Unis. Le gouvernement japonais, selon Kingston, est non seulement bureaucratique, mais aussi prudent. Il y a une période d'attente typique pour le don de sang après d'autres vaccinations. Elle est de 24 heures pour la grippe, le choléra et le tétanos, de 2 semaines pour l'hépatite B et de 4 semaines pour la rougeole, les oreillons et la rubéole.

Pour l'instant, la Croix-Rouge de Belgique n'accepte pas les dons des personnes qui ont été vaccinées.

La Croix-Rouge américaine autorise les personnes ayant reçu des vaccins coronavirus à ARNm à donner leur sang de la même manière que les personnes ayant été infectées par le coronavirus. Nous n'avons rien pu découvrir concernant les dons de sang sur le site de la

Croix-Rouge, nous pensons donc qu'ils peuvent continuer sans limitation.

À ce jour, il a été prouvé qu'aucun virus respiratoire n'est transmissible par le sang, y compris les coronavirus et le virus de la grippe. Par conséquent, donner et recevoir du sang est sans risque", peut-on lire sur le site de la Croix-Rouge de Belgique.

Cependant, contrairement au vaccin habituel contre la grippe, vous serez momentanément dans l'incapacité de donner après avoir reçu un vaccin corona. La durée dépend de la marque et du fait que vous ayez ou non des symptômes après avoir reçu le vaccin'. (Italique ajouté) De quels signes et symptômes s'agit-il ? Sûrement, si vous avez été vacciné, vous êtes en sécurité ? Ces vaccinations ne sont-elles pas "prouvées sûres" ?

Chapitre 13 : L'Inde s'effondre

Des millions d'Indiens se lavent dans les égouts à ciel ouvert du Gange, où des dizaines de corps sont désormais découverts chaque jour.

Le nombre de décès dus au Covid-19 chaque jour est passé de moins de 100 en janvier à plus de 4 500 en mai depuis que l'Inde a lancé sa campagne de vaccination. Le lien évident entre les vaccinations et l'autisme n'est plus discutable. Gardez également à l'esprit l'avertissement lancé par le directeur du RIVM, Jaap van Dissel, à la fin de l'année dernière, lorsqu'il prévoyait que les vaccinations "pourraient initialement augmenter la mortalité." Et c'est exactement ce qui se passe dans de nombreux pays, dont l'Inde, à grande échelle.

Des centaines de morts sont découverts chaque jour dans le Gange. Des milliers d'Indiens meurent chaque jour de maladies telles que la tuberculose, la typhoïde, la malaria, le choléra et la grippe, en raison des conditions sanitaires et nutritionnelles encore médiocres du pays.

Les personnes qui auraient reçu du Covid-19 semblent être plus sensibles aux infections fongiques autrefois rares que sont la mucormycose et le typhus des broussailles, qui profitent de la faiblesse du système immunitaire. Le typhus du maquis touche environ 1 million d'Asiatiques chaque année, mais la principale menace est la tuberculose (résistante aux médicaments), qui touche 2,8 millions d'Indiens chaque année et en tue 435 000.

Le nombre de décès monte en flèche après le début des vaccinations, passant de moins de 100 par jour à plus de 4 500 par jour.

Plus de 186 millions d'Indiens ont été vaccinés avec le vaccin Covid-19 depuis janvier. L'Inde se portait plutôt bien avant le début de la campagne de vaccination. Le nombre moyen de décès liés au Covid est passé de bien moins de 100 au cours des trois premiers mois des blocages mondiaux à environ 1000 en septembre et octobre 2020, avant de redescendre bien en dessous de 100 en janvier.

Puis les vaccinations ont été mises en place, et le nombre de décès est monté en flèche, passant à 1500 par jour en avril et à près de 4500 en mai. En fait, 3532 variantes de Covid circulent actuellement en Inde, toutes apparues presque immédiatement après le début des vaccinations.

Comment est-ce possible alors que deux tiers de la population ont déjà développé des anticorps, selon une société de tests privée ? En avril, la revue Nature a posé la même question. Pourquoi 45 fois plus de personnes meurent-elles soudainement aujourd'hui, si les vaccinations protégeaient déjà tant de personnes contre le Covid-19 ? Serait-ce dû à un renforcement dépendant des anticorps (ADE), qui a été mis en garde par un certain nombre de scientifiques et d'experts, et qui pourrait devenir un problème aux Pays-Bas à l'automne lorsque le corona et d'autres virus respiratoires reviendront ?

Les personnes qui ont été vaccinées sont plus sensibles aux grandes maladies et aux infections.

Non seulement les vaccins empoisonnent l'organisme des gens, les rendant plus sensibles aux conséquences infectieuses (interférence virale), mais ils entraînent également une défaillance du système immunitaire en cas de réexposition à des mutations de coronavirus "vivants" (ADE)", explique Mike "Natural Adams".

Selon Adams, les recherches cliniques ont indiqué que les vaccins Covid-19 rendaient les receveurs plus vulnérables à des maladies plus graves. Le grand nombre de patients qui ont subi les effets indésirables de ces vaccins, notamment la fatigue, la fièvre, les problèmes de récolte, la léthargie, la paralysie, les caillots sanguins, etc., est la preuve qu'ils induisent des maladies importantes, affaiblissant davantage le système immunitaire.

Les "armes biologiques de l'auto-immunité".

Un programme de vaccination généralisé pourrait encourager les coronavirus à évoluer encore plus rapidement, ce qui entraînerait une modification accrue

des protéines de pointe et, par conséquent, la création
de nouvelles variétés. La variété B.1.617.2 qui se répand
en Inde, selon les scientifiques britanniques, est 50 %
plus contagieuse". Soit dit en passant, il s'agit d'un
phénomène courant ; les virus qui changent deviennent
toujours plus contagieux, mais presque toujours moins
mortels. Toutefois, grâce aux vaccins, cette fois-ci
pourrait être différente, comme semble l'indiquer le
bain de sang en Inde.

En outre, ces vaccins agissent comme des armes
biologiques contre les maladies auto-immunes, incitant
l'organisme des personnes à fabriquer des protéines
Spike, qui peuvent être libérées dans l'environnement
et conduire à l'évolution rapide de particules virales
infectieuses. Ensuite, les personnes non vaccinées sont
exposées à une variété de protéines Spike provenant
des personnes vaccinées. Cela pourrait expliquer
pourquoi le nombre de décès en Inde a soudainement
grimpé en flèche et pourquoi les corps sont rejetés en
masse sur les rives du Gange".

Chapitre 14 : La prochaine pandémie ?

Le Forum économique mondial, tout comme l'Organisation mondiale de la santé, s'est révélé être l'un des ennemis les plus véhéments de la liberté et de l'humanité.

Une cyberattaque planifiée (false flag) du WEF pour déstabiliser le système financier entre août 2021 et mars 2022 - Le prochain "virus tueur" sera-t-il le SRAS-3, qui a déjà été produit dans un laboratoire italien, ou le SPARS ?

L'élite mondiale du pouvoir a tellement de pouvoir grâce à la dévotion servile et à la crédulité naïve de 90 % de la population qu'aucun effort n'est fait pour cacher la réalité d'un grand scénario planifié et prédéterminé qui est en train de se dérouler.

Le directeur de l'OMS, Tedros Adhanom Ghebreyesus, un communiste convaincu, annonce maintenant ouvertement la prochaine pandémie, qui sera "plus contagieuse et plus mortelle" que Covid-19, comme vous le savez peut-être. Les entreprises pharmaceutiques se frottent les mains et ont déjà commencé à préparer et à tester la prochaine série de vaccins.

Ne vous y trompez pas, ce n'est pas la dernière fois que le monde est confronté à une menace de pandémie", a déclaré M. Tedros à l'Assemblée générale des Nations unies, qui réunit les ministres de la santé de 194 États membres. C'est une certitude évolutive qu'un autre virus émergera, beaucoup plus contagieux et mortel que celui-ci".

La "certitude évolutive" était un euphémisme pour dire "c'est ce que nous, comme Covid-19, avons laborieusement développé et planifié en collaboration avec le Forum économique mondial". L'autre virus est peut-être le SRAS, dont nous avons parlé plus tôt cette année et qui était censé arriver en 2025 (environ) ? S'agira-t-il du SRAS-3, qui a déjà été produit dans une installation italienne et qui pourrait être libéré sur le grand public à tout moment ?

Le nombre de morts diminue, mais nous ne sommes pas encore sortis d'affaire.

Bien entendu, le chef de l'OMS a dû déclarer que le nombre de cas et de décès liés au Covid-19 était en baisse constante depuis trois semaines. Agir autrement montrerait très clairement que les vaccinations ont l'effet exactement inverse dans des endroits comme l'Inde. Depuis le début des vaccinations, le nombre de décès quotidiens est passé de 100 à près de 4500 chaque jour. Les directives relatives au test PCR, largement surutilisé, ont été "secrètement" modifiées en janvier, soi-disant pour que les vaccinations aient l'air de réussir.

Des vaccins sont en cours d'évaluation.

Les entreprises pharmaceutiques, qui ont constaté
l'année dernière à quel point la vaccination pendant
une pandémie peut être rentable, travaillent déjà sur de
nouveaux vaccins. Lundi dernier, Bloomberg a rapporté
que GlaxoSmithKline (avec son partenaire Sanofi)
travaille sur la prochaine génération de vaccins Covid.
Une session d'essai utilisant un nouveau vaccin sur plus
de 37 000 patients commencera dès la semaine
prochaine, selon Roger Connor, chef du développement
des vaccins.

Il est nécessaire de mettre la population à genoux.

On peut désormais affirmer que l'ordre mondialiste
établi, dirigé par le Forum économique mondial, les
Nations unies, l'Organisation mondiale de la santé, le
Fonds monétaire international, l'Union européenne et
l'alliance Gavi, et soutenu par presque tous les partis
politiques, a lancé une attaque frontale contre
l'humanité. Comme vous le savez peut-être, la phase 2
de cette pandémie a déjà été annoncée : une
cyberattaque (sous fausse bannière) contre le système
financier occidental (en faillite), ainsi que,
éventuellement, contre l'approvisionnement en
énergie, dans le but de mettre la population à genoux et
de la forcer à accepter sans résistance le "Great Reset"
communiste ("Build Back Better"), ou la "Quatrième
révolution industrielle" dans le cadre de l'Agenda
21/2030 de l'ONU.

Le WEF a effectué des simulations, similaires à celle de la pandémie corona d'octobre 2019 ("Event 201"), pour voir comment mener au mieux une telle cyberattaque, qui coupera la population de ses comptes bancaires, éventuellement d'internet, et peut-être même (d'une partie) de son approvisionnement en énergie (et donc en transports et en nourriture) pendant des jours - peut-être des semaines - et comment tirer le meilleur parti des conséquences attendues.

Selon M. Armstrong, la récente cyberattaque contre le Colonial Pipeline aux États-Unis, qui aurait été bloqué par des pirates et ensuite libéré après avoir payé une extorsion de 5 millions de dollars, était également un test pour voir si la cyberattaque prévue contre le système financier pouvait être menée de cette manière. Ils peuvent maintenant faire valoir que les logiciels malveillants sont rentables et que le monde entier est en danger. C'est le scénario le plus probable à l'heure actuelle".

Cette menace semble être motivée par le désir d'achever la grande réinitialisation. Covid a été grossièrement gonflé, et ceux qui sont à l'origine des modèles bidons qui ont été utilisés pour aplatir l'économie mondiale ont tout à gagner à gonfler ce cyberdanger. La question est maintenant de savoir quand ils vont le faire. Est-ce que ce sera cette année ou l'année prochaine ?

Chapitre 15 : Contrôle total ?

Les premiers composants nécessaires à la transformation de l'ensemble de la race humaine en esclaves technologiques totaux sont déjà largement diffusés.

Les ondes radio et les champs magnétiques peuvent être utilisés pour rendre les cellules cérébrales et nerveuses sensibles. Le contrôle du comportement humain dans des endroits soumis à des rayonnements particuliers devient une réalité.

Des chercheurs américains ont créé une protéine magnétique qui peut être utilisée pour stimuler rapidement les cellules du cerveau (et vice versa). Cette nouvelle technique peut être utilisée pour réguler les zones du cerveau responsables de comportements compliqués.

Comme le développement de la protéine Spike est important pour les vaccins à ARNm contre le coronavirus, il est facile d'envisager qu'à l'avenir, ce type de vaccin comprendra un autre "programme" qui développe une protéine destinée à obtenir un contrôle externe sur notre comportement et nos pensées.

L'optogénétique est progressivement abandonnée au profit de la chimiogénétique.

L'optogénétique est l'approche la plus puissante. Des impulsions de lumière laser peuvent être utilisées pour activer ou désactiver des groupes de neurones associés. La chimiogénétique est une nouvelle approche qui a été créée récemment. Elle consiste à activer des protéines personnalisées avec des "produits pharmaceutiques de conception" (médicaments, vaccins) qui peuvent être ciblés sur certains types de cellules.

L'inconvénient de l'optogénétique est qu'elle nécessite l'introduction de fils de fibre optique dans le cerveau, qui ne peuvent pénétrer les tissus que de manière limitée. La chimiogénétique utilise des réactions biologiques pour activer les cellules nerveuses en quelques secondes. Il n'est plus nécessaire d'"ouvrir" le cerveau avec cette nouvelle approche.

Projet magnéto

Des recherches antérieures ont montré que les protéines des cellules nerveuses activées par la chaleur et la pression mécanique peuvent être génétiquement modifiées pour devenir sensibles aux ondes radio et aux champs magnétiques. Pour ce faire, il suffit de leur fixer une particule (para)magnétique ainsi que de courtes séquences d'ADN. Cette méthode a déjà été utilisée pour contrôler les niveaux de glucose dans le sang des souris.

Lors d'une expérience en laboratoire, la protéine "Magneto" créée s'est avérée capable d'être absorbée par des cellules rénales humaines. La protéine a ensuite été déclenchée à l'aide d'un champ magnétique. Lors d'un test ultérieur, la protéine "Magneto" a été intégrée dans le génome d'un virus, avec une protéine fluorescente verte et des séquences d'ADN qui ciblent exclusivement des types spécifiques de neurones. Ensuite, le virus a été introduit dans le cerveau de souris. Magneto y a été activé à l'aide d'un champ magnétique, amenant les cellules (du cerveau) à créer des impulsions nerveuses particulières.

Puis ce fut le tour des souris qui pouvaient se déplacer librement. Le magnéto a été injecté dans la région du cerveau qui contrôle la motivation et la récompense (neurones à dopamine). Les souris ont ensuite été séparées en groupes et placées dans une pièce où certaines étaient exposées à un champ magnétique et d'autres non.

On a constaté que les souris Magneto passaient beaucoup plus de temps dans la zone magnétique parce que les neurones à dopamine de leur cerveau étaient activés, ce qui leur donnait un sentiment de récompense lorsqu'elles étaient là. Ces résultats montrent qu'un comportement complexe peut être contrôlé, voire dirigé, par l'utilisation de neurones magnétiques situés dans les profondeurs du cerveau.

Steve Ramirez, neurologue à Harvard, est enthousiasmé par cette nouvelle stratégie. Cette méthode consiste en un seul et magnifique virus qui peut être injecté n'importe où dans le cerveau", explique le chercheur. Pour modifier le comportement des animaux (et plus tard des humains ?), il suffisait de les exposer à un champ magnétique.

Il est de plus en plus facile de contrôler son comportement dans une zone touchée par les radiations.

Maintenant que les humains de l'année 2021 se font injecter des instructions génétiques (ARNm) dans leur système sous le prétexte de "vaccins" pour produire une protéine (la protéine Spike), la prochaine étape consiste à ajouter d'AUTRES instructions à ces types de vaccins. Dans un discours prononcé en 2017, le CMO de Moderna a expliqué comment l'ARNm peut être utilisé pour modifier l'ADN des gens, faisant des "vaccins" à ARNm une plateforme par laquelle les humains peuvent être programmés.

Et il semble que c'est exactement ce qui sera fait, avec des protéines qui modifieront votre comportement lorsque vous vous trouverez dans une zone où certains rayonnements seront bientôt présents (comme la 5G). Jusqu'à ce que ce soit un fait accompli, les médias grand public ne manqueront pas de parler de "théorie du complot" ou de "désinformation". Protester n'a alors plus de sens, car vous ne pourrez ou ne voudrez probablement pas le faire en raison de cette nouvelle technologie.

Par conséquent, lorsque Klaus Schwab, directeur général du Forum économique mondial, a déclaré l'année dernière que vous "ne posséderez rien et serez heureux" d'ici 2030 (mais peut-être bien plus tôt), il était très sérieux. En fait, vous serez câblé pour être heureux, quelles que soient les circonstances. Certaines personnes semblent impatientes de renoncer à leur humanité, à leur indépendance d'esprit, voire à leur "âme", pour devenir des esclaves de systèmes sans volonté, programmés, contrôlés et gérés numériquement.

Chapitre 16 : Masquer les moutons

Les scientifiques estiment que les masques faciaux portés par le grand public présentent un risque d'infection - Depuis plus d'un siècle, toutes les expériences de pandémie ont démontré que les masques faciaux ne permettent pas de lutter contre les virus et sont inefficaces comme protection.

Récemment, les médias grand public ont publié triomphalement une étude prouvant que les protège-dents sont efficaces. Cependant, un bref coup d'œil au commanditaire de l'étude a tout révélé : l'Institut Max Planck, qui est largement soutenu par le gouvernement allemand et l'Union européenne. Ce qui est aujourd'hui considéré comme de la "science" sera presque certainement "le pain de qui vous mangez..." en 2020 et 2021.

En conséquence, on ne peut plus s'attendre à des conclusions impartiales ou critiques de la part de ces types de chercheurs "nous, les canards WC..." ; au lieu de cela, ils se laissent exploiter, comme par le passé, pour approuver des programmes gouvernementaux. En fait, une récente méta-étude allemande exhaustive a conclu que les protège-dents sont non seulement inefficaces mais aussi dangereux pour la santé.

Après une heure de lecture sur le site de l'Institut Max Planck, il est évident que les instituts et les scientifiques qui y sont liés sont comme deux mains dans un même gant lorsqu'il s'agit de traiter avec le gouvernement. Il n'y a pas de notes critiques, et pas une seule étude ne contredit, même marginalement, les affirmations des autorités. Nous avons également lu une demande de faire plus pour combattre les voix anti-vaccins, comme les bannir d'Internet, afin de le rendre plus "démocratique"...

L'Inquisition est revenue sous un autre nom

L'Église catholique, politiquement puissante, a traîné Galilée devant l'Inquisition au début du 17e siècle parce que, comme Copernic au 16e siècle, il affirmait que la terre, comme les autres planètes, tourne autour du soleil (vision héliocentrique du monde), et que nous ne sommes pas le centre de l'univers (vision géocentrique du monde). Pour "prouver" qu'il avait tort, plusieurs "scientifiques" établis et des thèses "scientifiques" et théologiques ont été cités. Ce n'est qu'en 1992 que le pape de l'époque, Jean-Paul II, a présenté ses excuses et que le Vatican a nettoyé son nom.

Les protège-dents sont inefficaces et (très) dangereux pour la santé, selon une méta-étude.

Cependant, il existe encore des scientifiques qui n'ont pas vendu leur âme au diable. Par exemple, une récente méta-étude allemande a confirmé ce que l'on sait depuis plus d'un siècle : les protège-dents sont inefficaces et nuisibles pour la santé. Vingt-deux des 44 recherches scientifiques qui ont trouvé des effets néfastes substantiels des protège-dents ont été publiées en 2020, et vingt-deux de ces études ont été publiées sous Covid-19. Il y avait 31 études expérimentales et 13 études d'observation au total. Les célèbres protège-dents bleus et les masques buccaux N95 ont attiré 68 % de l'attention.

L'épuisement, la confusion et la maladie sont causés par une augmentation de la difficulté respiratoire, de la fréquence cardiaque et de la pression sanguine.

Le port d'un couvre-bouche chirurgical (bleu) par des travailleurs de la santé en bonne santé (18 à 40 ans) entraîne des effets physiques mesurables, avec une augmentation des valeurs de CO_2 transcutané (à travers la peau) et des changements significatifs dans la composition du sang après seulement 30 minutes, selon une étude croisée randomisée publiée en 2005. L'augmentation considérable du CO_2 "respiré" entraîne une augmentation de la résistance respiratoire, obligeant le corps à fournir un effort de plus en plus important, ainsi qu'une forte augmentation de la fréquence cardiaque.

Les effets négatifs peuvent sembler mineurs au premier abord, mais le port régulier d'un protège-dents se traduit par une charge physique croissante. Selon l'avertissement, les protège-dents devraient avoir des répercussions sur les maladies à long terme. L'hypertension artérielle, l'artériosclérose, les maladies cardiaques (syndrome métabolique) et les maladies neurologiques ne sont que quelques-uns des effets secondaires inévitables d'une utilisation prolongée des protège-dents.

Une augmentation même minime du CO_2 dans l'air inhalé provoque des maux de tête, des problèmes respiratoires (asthme), une élévation de la pression artérielle et du rythme cardiaque, ce qui entraîne des lésions des vaisseaux sanguins, et enfin des troubles neuropathologiques et cardiovasculaires. Une pression respiratoire légèrement élevée sur une longue période de temps a un effet similaire. Les niveaux élevés de CO_2 sont particulièrement dangereux pour les femmes enceintes, car ils nuisent à l'irrigation sanguine du placenta.

Les attaques de panique, l'hyperventilation, les difficultés cognitives et les maux de tête sont autant de symptômes du stress.

Il a été établi au-delà de tout doute raisonnable que les protège-dents causent des dommages importants et, à long terme, durables à la santé. L'hormone du stress, la norépinéphrine, est libérée très instantanément par le cerveau humain en réponse à un faible niveau d'oxygène et à une consommation de CO_2 légèrement accrue. Il suffit d'un taux de CO_2 de 5 % pour provoquer une crise de panique en 15 à 16 minutes, selon des expériences de provocation par l'air expiré. La concentration habituelle de CO_2 dans l'air expiré est d'environ 4 %.

Les protège-dents sont contre-indiqués pour les
épileptiques, selon des neurologues des États-Unis, du
Royaume-Uni et d'Israël, car ils peuvent provoquer une
hyperventilation. En fait, le port d'un protège-dents
peut augmenter votre rythme respiratoire de 15 à 20 %.

L'utilisation d'embouts buccaux a provoqué chez 71,4 %
des 343 employés du secteur de la santé à New York
des symptômes physiques (maladies) reconnus. Pire
encore, 28 % avaient des problèmes de santé
chroniques pour lesquels ils devaient prendre des
médicaments.

Dans le cadre de Covid-19, toutes les variétés de
protège-dents ont été évaluées en profondeur en 2020.
Conclusion : Après seulement 100 minutes, ils créent de
graves problèmes de réflexion et de concentration, qui
sont produits directement par la diminution de la
teneur en oxygène dans le sang. Une autre étude a
découvert que les protège-dents sont directement
responsables de plus de la moitié des maux de tête
ressentis par les utilisateurs de protège-dents.

Infections et affections cutanées

Comme les bonnets recouvrent les voies respiratoires,
la température du corps s'élève et l'humidité augmente,
ce qui modifie radicalement l'habitat naturel de la peau.
De nombreuses personnes ont la peau rouge, sèche et
qui démange, ainsi qu'une production excessive de

sébum (acné). Cela aggrave et prolonge les troubles cutanés, rendant les personnes plus sensibles aux infections. En effet, les protège-dents bleus et N95 permettent aux germes, aux champignons et aux virus de se multiplier rapidement à l'intérieur et à l'extérieur des protège-dents (qui sont saturés au bout de 10 à 15 minutes seulement et ne fonctionnent plus de toute façon).

La peau de votre visage n'est pas censée rester cachée pendant de longues périodes. Un grand nombre de personnes connaîtront des problèmes de peau indésirables maintenant qu'il est de toute façon nécessaire de le faire.

Préjudice psychologique important, en particulier chez les enfants

Des dommages psychologiques ont été documentés, en plus des nombreuses répercussions physiques et de la diminution substantielle de la qualité de vie - car même les activités quotidiennes habituelles telles que manger, boire et converser sont gravement affectées. Les protège-dents provoquent une sensation de perte de liberté et d'autonomie (ce qui peut très bien être l'objectif de l'obligation de port), ce qui peut conduire à une rage réprimée et à une distraction continue inconsciente, d'autant plus que les protège-dents sont souvent imposés par d'autres personnes.

Les protège-dents portent atteinte aux droits fondamentaux de l'homme, tels que l'intégrité personnelle, le droit à l'autodétermination et à l'autonomie, en plus de provoquer une gêne et d'entraîner la perte de certaines capacités psychomotrices, cognitives et mentales, ainsi qu'une diminution de la réactivité. Les protège-dents sont particulièrement préjudiciables aux enfants, qui éprouvent souvent des inquiétudes et des tensions à cause d'eux. De nombreux jeunes se sentent malheureux, se replient sur eux-mêmes et s'engagent moins dans la vie. (Une génération entière de jeunes et d'adolescents a ainsi été gravement lésée).

Les médias, tant aujourd'hui que par le passé, ont joué un rôle très néfaste.

Les sentiments dépressifs sont très répandus, puisque 50 % des porteurs de lunettes interrogés en font l'expérience. L'inquiétude est exacerbée par les reportages souvent exagérés et partiaux des médias grand public. Selon une étude, seulement 38 % de la couverture médiatique de la pandémie d'Ebola en 2014 contenait des faits scientifiques, et 42 % exagérait (de manière significative) le danger. Un pourcentage choquant de 72 % des pièces médiatiques étaient conçues pour que les téléspectateurs se sentent plus mal dans leur santé.

Nous n'avons pas encore de chiffres précis, mais nous pensons que d'ici 2020, seuls 10 % des reportages contiendront des faits scientifiques, et 90 % feront (sérieusement) l'apologie du danger que représente le coronavirus. Et, à quelques exceptions près, tous les médias grand public étaient et sont coupables d'instiller des sentiments de peur et d'incertitude 24 heures sur 24, 7 jours sur 7.

Les protège-dents sont un symbole de pseudo-solidarité et de conformité".

Selon les scientifiques cités dans l'un des documents analysés, le protège-dents est devenu "un symbole de conformité et de pseudo-solidarité". L'OMS, par exemple, met exclusivement l'accent sur les "avantages" ostensibles du port du protège-dents et tente de créer chez les porteurs la (fausse) croyance qu'ils aident à combattre un virus.

Conclusion de la méta-étude : "Les effets indésirables et potentiellement radicaux observés dans des domaines multidisciplinaires soulignent la portée générale des décisions globales d'introduire des protège-dents...". Selon la littérature, il existe des conséquences indésirables non équivoques et scientifiquement étayées pour les porteurs de protège-dents, tant sur le plan physique que psychologique et social.

Il n'y a aucune preuve scientifique que le virus a été éradiqué.

Ni l'OMS, ni l'ECDC (Centre européen de prévention et de contrôle des maladies), ni les instituts nationaux (tels que le RIVM) n'ont prouvé, à l'aide de données scientifiques fondées, que les protège-dents ont des conséquences positives pour la population (dans le sens d'une réduction de la propagation du Covid-19)", peut-on lire dans le jugement sévère sur les protège-dents.

Les autorités sanitaires nationales et internationales ont imposé à la société leurs jugements théoriques sur les protège-dents, contrairement à la norme scientifiquement établie de la médecine fondée sur les preuves, même si le port obligatoire des protège-dents crée un sentiment de sécurité trompeur".

Les protège-dents portés par le grand public présentent un risque d'infection.

Du point de vue de l'épidémiologie infectieuse, l'utilisation régulière d'un protège-dents expose son porteur au risque d'auto-contamination par l'intérieur et l'extérieur (du protège-dents), ainsi que par des mains contaminées. De plus, l'air expiré provoque la saturation des protège-dents, ce qui permet aux produits chimiques responsables de l'infection de s'accumuler à l'intérieur. Cette tendance peut être mise en évidence par l'augmentation remarquable des rhinovirus dans la recherche Sentinelle du RKI (Institut national allemand de la santé publique et de l'environnement) à partir de 2020.

Les protège-dents portés par le public sont considérés comme un risque d'infection par les scientifiques, car les règles d'hygiène standardisées dans les hôpitaux ne peuvent pas être suivies par la société". En outre, le fait de devoir "parler plus fort sous un protège-dents entraîne une production accrue d'aérosols (effet d'atomisation)" (qui peut être mesuré jusqu'à 20 mètres de distance et qui rend automatiquement toute la distanciation sociale complètement inutile, puisque les protège-dents sont ainsi saturés après seulement 10 à 15 minutes et ne fonctionnent plus de toute façon. Et qui remplace son protège-dents toutes les 10 minutes ?).

Les protège-dents ne sont d'aucune aide dans les épidémies modernes.

Les protège-dents utilisés quotidiennement n'ont pas donné les résultats escomptés dans la lutte contre les infections virales lors des pandémies de grippe de 1918-1919, 1957-1958, 1968, 2002, et avec le SRAS 2004-2005, ainsi que lors de la grippe de 2009 (grippe porcine).

Ces expériences ont donné lieu à des études scientifiques, qui ont conclu en 2009 que l'utilisation quotidienne des protège-dents n'avait pas d'effet antiviral notable. Plus tard encore, des scientifiques et des instituts ont déterminé que les protège-dents étaient inefficaces pour protéger les utilisateurs contre les infections respiratoires virales. Les protège-dents chirurgicaux, même lorsqu'ils sont utilisés dans les hôpitaux, ne présentent pas de preuves solides de la prévention des virus.

Comme toujours, aucun avantage favorable sur les infections ou les maladies n'a été détecté dans une comparaison pratique entre la Suède et le Belarus d'une part et le reste de l'Europe, ainsi que les États-Unis (entre les États avec et sans protège-dents obligatoires).

Chapitre 17 : Les victimes des vaccins

Des milliers de décès évitables dus au Covid, et des milliers déjà dus aux vaccins " - L'Inde stoppe l'explosion des décès suite aux vaccinations à l'ivermectine et à l'hydroxychloroquine - Pourrait-il en être de même ici avec les mêmes vaccinations si de telles procédures sont utilisées en Amérique ?

Le professeur Dr Peter McCullough, l'une des plus grandes autorités mondiales en matière de traitement du Covid-19, a accusé le gouvernement américain de dissimuler un "nombre inimaginable" de victimes du vaccin dans une interview.

C'est exactement le scénario que nous prévoyons depuis près d'un an : les vaccins produisent un nombre énorme de nouvelles victimes, qui sont ensuite attribuées à une variation de Covid ou à une autre cause de décès, comme c'est très probablement le cas, par exemple, en Inde. Cela pourrait-il être le cas ici aussi, si de telles techniques sont déjà utilisées en Amérique pour persuader le plus grand nombre de personnes possible de prendre ces "vaccins" ?

Nous sommes maintenant contrôlés par la même élite du pouvoir (WEF, ONU/OMS, Gavi/Gates, Big Pharma).

Avec le système d'enregistrement des vaccinations VAERS aux États-Unis, le nombre de décès par vaccination signalés approche les 5 000, alors qu'il était d'environ 1 % à 10 % maximum du nombre réel par le passé. Au 15 mai, environ 11 500 personnes ont été blessées dans l'UE, avec plus de 630 000 personnes blessées des deux côtés de l'Atlantique et des dizaines de milliers d'autres personnes malades ou en incapacité permanente. Le nombre de victimes de vaccins étant des milliers de fois supérieur à celui de tous les autres vaccins réunis, une étude détaillée est généralement nécessaire.

Un médicament est normalement retiré du marché après 50 décès.

Tout nouveau médicament qui connaît cinq décès inexpliqués fait l'objet d'un avertissement "boîte noire", et on entend alors aux informations que ce médicament peut vous tuer", explique M. McCullough. Et après 50 décès, le médicament est retiré du marché", explique l'auteur.

Lors de la pandémie de grippe porcine de 1976, les États-Unis ont cherché à vacciner 55 millions de personnes, mais l'effort a été interrompu après que 25 personnes soient mortes et que 500 personnes aient été rendues infirmes par le vaccin.

Or, c'est exactement le contraire qui se produit en Amérique et en Europe : plus le nombre de victimes augmente, plus les autorités exercent une pression sur la population pour qu'elle se fasse vacciner. Et tout cela avec des substances qui n'ont été approuvées qu'à titre provisoire et dont les producteurs ne devront prouver la "sécurité" que dans quelques années.

Il serait impossible pour les médecins de la fonction publique de certifier que les décès n'ont pas été causés par les vaccinations dans un laps de temps aussi court".

Les chiffres sont même volontairement falsifiés, selon l'éminent universitaire. À la fin du mois de mars, 2 602 décès liés à des vaccins avaient été enregistrés aux États-Unis. La FDA a ensuite déclaré que 1 600 décès avaient fait l'objet d'une "enquête" menée par des médecins anonymes du gouvernement, qui étaient parvenus à la conclusion qu'aucune de ces personnes n'était décédée à cause du vaccin.

C'était troublant", a déclaré M. McCullough. Il sait par expérience qu'il faut normalement des mois pour mener à bien une telle enquête, et non quelques jours ou semaines. J'ai été président et j'ai participé à des dizaines de comités de surveillance de la sécurité [...] et je peux vous dire qu'il est impossible que des médecins inconnus de la fonction publique, sans aucune expérience du Covid-19, puissent déterminer qu'aucun de ces décès n'est dû au vaccin".

Beaucoup plus de gens meurent en réalité.

Étant donné que seuls 1 à 10 % des décès dus aux vaccins sont rapportés historiquement, comme le valide

une étude de Harvard, beaucoup plus de personnes mourront en réalité que ce qui est rapporté dans les estimations officielles, et certainement pas 0.
Étant donné que seuls 1 à 10 % des décès dus aux vaccins sont rapportés historiquement, comme le valide une étude de Harvard, beaucoup plus de personnes mourront en réalité que ce qui est rapporté dans les estimations officielles, et certainement pas 0.

Comparez cela à la vaccination contre la grippe. Chaque année, le VAERS rapporte 20 à 30 décès, sur 195 millions de vaccinations. Avec Covid-19, les Etats-Unis en étaient déjà à 2602 décès pour 77 millions de vaccinations, de loin le chiffre le plus élevé de toute l'histoire des vaccins. Malgré cela, pas un seul politicien établi ou journaliste dans les médias de masse ne demande une enquête indépendante. Pire encore, les rares qui le font sont immédiatement stigmatisés et honnis.

On estime que 85 % de toutes les vies perdues auraient pu être sauvées.

L'expert de Covid pense que les milliers de morts (environ 16000 dans l'UE et aux États-Unis à la mi-mai, certainement au moins 1000 à 2000 de plus maintenant) et les centaines de milliers de malades et de blessés vont se poursuivre indéfiniment. De plus, il a déclaré devant le Sénat américain le 19 novembre 2020 que "nous pensons maintenant que jusqu'à 85% des vies perdues auraient pu être sauvées avec un régime multi-drogues."

Cependant, ces médicaments dont l'efficacité et la sécurité ont été prouvées sont strictement interdits en Amérique, en Europe et aux Pays-Bas pour les patients (présumés) atteints de Covid-19. Les médecins généralistes peuvent être condamnés à une amende de 150 000 euros s'ils prescrivent de l'Ivermectin.

Le gouvernement est complètement dans le sac de Big Pharma et des institutions contrôlées par Bill Gates comme l'OMS, et a décidé dès le départ que seul un vaccin pourrait apporter le "salut".

L'Inde utilise l'Ivermectin et le HCQ pour mettre un terme à la mortalité.

L'Inde a commencé à utiliser l'Ivermectin et l'hydroxychloroquine, bien contre les intérêts de l'OMS et de Big Pharma (HCQ). En conséquence, l'énorme augmentation du nombre de décès suite à l'introduction des vaccinations a maintenant pris fin.

Les grands médias ont reçu l'ordre de ne pas publier de critiques sur les vaccins.

En revanche, tous les médias grand public ont reçu pour instruction de présenter ces médicaments sous un jour négatif et de ne publier (presque) aucun reportage critique sur les vaccins. À la demande du gouvernement, ils s'efforcent même de générer le plus d'anxiété possible en Europe.

Cette censure flagrante et cette corruption totale des médias relèvent de l'initiative "Trusted News", à laquelle participent non seulement les géants des médias sociaux tels que Facebook, Google/YouTube et Twitter, mais aussi les grandes agences de presse AP, Reuters et AFP, ainsi que la BBC, CBC, l'UER (Union européenne de radio-télévision), Microsoft et le Washington Post. Les faits concernant le côté sombre des vaccinations expérimentales par thérapie génique devraient être qualifiés de "désinformation dangereuse" par les médias grand public.

Puisqu'elle entraîne tant de décès évitables, comment peut-on l'étiqueter autrement que comme du fascisme médical ou même du terrorisme médical ?

Si les citoyens recevaient "n'importe quel type de nouvelles honnêtes et équilibrées sur la sécurité", a conclu M. McCullough, "ils ne prendraient tout simplement pas ce vaccin". L'initiative "Trusted News" est vraiment inquiétante, car nous connaissons actuellement un nombre record de décès, qui augmente quotidiennement".

Le gouvernement et Big Pharma ont un lien symbiotique.

Le médecin de renom a affirmé que le gouvernement et Big Pharma entretiennent une relation incestueuse, qui interdit aux organismes de réglementation tels que l'OMS de pouvoir, vouloir ou pouvoir émettre un jugement objectif. Les National Institutes of Health américains, par exemple, sont copropriétaires du brevet Moderna. Il a donc une incitation financière à vendre et administrer autant de vaccins que possible.

Les rares médecins, scientifiques et autres professionnels qui écoutent leur conscience ont généralement trop peur de s'exprimer nommément. C'est compréhensible, car sinon, depuis l'année dernière, ce n'est pas seulement la fin immédiate de la licence ou de la carrière, mais vous êtes également traîné dans la boue et, dans certains cas, même poursuivi en justice et/ou intimidé par le même gouvernement.

On ne sait jamais le vrai nombre de victimes.

Selon une évaluation récente de 500 résidents de maisons de retraite menée par un médecin de Kansas City, 22 personnes âgées sont décédées dans les 48 heures après avoir reçu une injection Pfizer. ' Je ne peux pas prouver que le vaccin les a toutes tuées, mais je peux montrer qu'il les a toutes tuées dans les 48 heures. Ils ne doivent être surveillés que pendant 15 minutes, selon les directives, donc nous ne voyons jamais les vrais chiffres. C'est difficile à prouver si ça arrive après

93

ces 15 minutes... Que Dieu nous aide si la FDA autorise cela.

Un médecin canadien courageux a pris la parole. Le Dr Charles Hoffe a brisé l'interdiction gouvernementale qui lui était faite de parler, en déclarant que "le vaccin Moderna a tué et handicapé des patients".

Le gouvernement n'a jamais été intéressé par le traitement des personnes malades.

Selon M. McCullough, le gouvernement n'avait guère envie de traiter les malades (avec des médicaments), mais a rapidement adopté le programme de l'OMS (distanciation sociale uniquement, protège-dents, confinement, tests et attente des vaccinations).

Il décrit une stratégie en quatre étapes dans son document "Guide pour le traitement à domicile du Covid-19 : A Step-by-Step Doctor's Plan That Could Save Your Life" (décembre 2020), où le pilier le plus important, le traitement et la guérison des patients atteints de Covid-19 avec des médicaments éprouvés et sûrs, a été complètement absent des politiques publiques. Il estime que, de ce fait, des dizaines de milliers de personnes sont mortes inutilement rien qu'aux États-Unis.

L'année dernière, l'universitaire français Christian Perronne, qui a une longue et illustre carrière, a écrit un livre au titre provocateur : "Y a-t-il une erreur qu'ils n'ont pas commise ?" - Covid-19 : Le saint mariage de l'incompétence et de l'hubris". Selon lui, si les patients atteints de corona avaient été traités dès le départ avec du zinc, de l'hydroxychloroquine/quercétine, des vitamines C et D et de l'azithromycine (surtout à titre préventif), il y aurait eu peu de décès et 25 000 Français (80 % du nombre de morts de l'époque) seraient encore en vie aujourd'hui.

Chapitre 18 : L'humanité se réduit

La Terre est encore incroyablement stérile : il y a peu d'indications de civilisation humaine visibles de l'espace. - À New York, tous les habitants de la planète tiendront dans des immeubles d'un étage. - "Avoir des enfants devrait en fait être un devoir sociétal", déclare un cadre de Tesla qui se concentre sur la programmation de l'ARN et de l'ADN humains.

Elon Musk, le PDG de Tesla, est connu pour ses déclarations qui contredisent l'image mondialiste du "Nouvel ordre mondial". Dans un récent discours, il a déclaré que notre plus grand défi dans 20 ans sera la sous-population, et non la surpopulation. Nous avons déjà dit que, contrairement à l'idée reçue, la Terre a plus qu'assez de place, de nourriture, d'énergie et de richesses pour faire vivre au moins trois fois plus de personnes dans une existence prospère. Le plus tôt possible. La véritable source de notre plus grande inquiétude est l'élite mondiale du pouvoir, qui fait tout ce qui est imaginable pour éliminer le plus grand nombre de personnes possible en les maintenant dans l'appauvrissement, la maladie, la faim, et donc contrôlables.

Je tiens à souligner que le plus gros problème dans 20 ans sera l'effondrement de la population, pas une explosion. Il donne comme exemple simple quelqu'un qui larguerait au hasard une bombe depuis un avion quelque part sur la terre. Combien de fois frappez-vous

quelqu'un ? En fait, jamais. Toutes sortes de choses tombent sur Terre depuis l'espace en permanence. Des météorites naturelles, de vieilles pièces de fusée, mais personne ne s'inquiète de cela".
Avoir des enfants devrait presque être considéré comme une obligation sociale".

"Tous les habitants de la planète pourraient tenir sur un seul étage à New York. Les autres étages sont inutiles". Selon Musk, nous sommes si peu dispersés dans le monde que nous sommes à peine visibles depuis l'espace. Nous devons nous méfier de l'effondrement de la population. Un faible taux de natalité est un danger majeur. Il prévient qu'en conséquence, notre culture pourrait périr. "Ce serait une conclusion déprimante. L'âge moyen serait extrêmement élevé, et les jeunes seraient obligés de s'occuper des personnes âgées comme des esclaves.

Je crois que, dans une certaine mesure, les gens doivent commencer à considérer le fait d'avoir des enfants comme une obligation civique... Sinon, l'humanité périra. Au sens propre. La richesse, l'éducation et la religion sont toutes inversement liées au taux de natalité. Plus une personne est pieuse, plus elle a d'enfants. Ce sera "comme si quelqu'un avait tué la moitié de la (future) population" dans quelques décennies. Il faut renverser la situation.

Nous devons abandonner les combustibles fossiles aussi rapidement que possible".

Musk est, bien entendu, totalement engagé dans la mission de "durabilité" verte en tant que créateur et producteur de voitures électriques. Il est optimiste à ce sujet, car il estime que la Chine est également en pointe dans ce domaine, puisqu'elle a déjà produit la moitié des véhicules électriques du monde. Il pense que le monde devrait s'éloigner des combustibles fossiles dès que possible et se tourner vers les énergies "durables" que sont le soleil, le vent et l'eau, ainsi que l'énergie nucléaire dans certaines situations.

Le frontman de Tesla affirme que le pétrole, le gaz et le charbon s'épuisent rapidement, mais il oublie que l'on crie depuis près de 50 ans et que l'on découvre constamment de nouvelles réserves qui peuvent fournir à l'humanité une énergie bon marché pendant au moins un autre siècle, et probablement même plusieurs siècles.

Pourquoi existe-t-il des taxes sur le CO2 ?

Il soutient également que la société ne paie pas le prix total des combustibles fossiles et des émissions de CO2. C'est pourquoi il préconise l'instauration de lourdes taxes mondiales sur le CO2.

Là encore, il oublie quelque chose d'important, à savoir que sur une échelle de temps géologique, il y a encore extrêmement peu de CO2 dans l'atmosphère (environ 450 ppm), et ce malgré toutes les émissions humaines de CO2 (ce qui n'est qu'un pourcentage de loin derrière la virgule). En outre, toutes les preuves géologiques montrent que les niveaux de CO2 n'augmentent qu'après l'augmentation des températures, et non l'inverse, comme on l'a prétendu pendant si longtemps. Ce mensonge est entretenu afin de faire accepter à la population des taxes toujours plus élevées et de lui couper son approvisionnement en énergie bon marché.

Même si les besoins énergétiques de l'humanité cessaient d'augmenter, notre planète ne dispose pas d'une surface terrestre suffisante pour construire suffisamment d'éoliennes et de parcs solaires. Sans parler de la charge gigantesque d'acier et de métaux rares qui serait nécessaire, ni du fait que les éoliennes ont une durée de vie extrêmement courte (20 ans maximum, la pratique montre que les premières éoliennes tombent en panne après quelques années seulement. Le nettoyage des éoliennes cassées est également une affaire très coûteuse).

L'ARN et l'ADN synthétiques sont utilisés pour programmer les gens.

Musk est également un fervent partisan de l'ARN et de l'ADN programmables (synthétiques), que les vaccins Covid-19 ont déjà injectés à une énorme partie de la population mondiale. Cela me fait penser à un programme informatique. Si vous le voulez, vous pouvez probablement arrêter et inverser le processus de vieillissement avec ça'.

Nous avons montré que les objectifs réels de la création d'humains "programmables" sont beaucoup plus sinistres et semblent viser principalement un contrôle totalitaire de la population et du comportement, ainsi qu'une réduction massive de la population.

Néanmoins, il est agréable d'entendre pour une fois un cadre supérieur connu qui a une vision positive de l'humanité, ce que l'on ne peut certainement pas dire de la secte climato-vaccinaliste mondialiste dirigée par Klaus Schwab et Bill Gates.

Nos autres livres

Consultez nos autres livres pour découvrir d'autres informations inédites, des faits exposés et des vérités démystifiées, et bien plus encore.

Rejoignez le cercle exclusif des médias de Rebel Press !

Chaque vendredi, vous recevrez dans votre boîte de réception une nouvelle mise à jour de la réalité non rapportée.

Inscrivez-vous ici dès aujourd'hui :

https://campsite.bio/rebelpressmedia